KB080772

뉴스로

세상을
움직이다

지혜의 시대

뉴스로
세상을
움직이다

김현정

창비
Changbi Publishers

"카톡! 카톡!"

아침부터 경박스럽게 SNS 알림이 울어댄다. 이 아침에 누굴까 하며 열어보니 '초긴급'이라는 말머리가 붙어 있다. 벌써부터 느낌이 싸하다. 그래도 믿을 만한 지인이 보내주었으니 좀더 읽어보기로 한다.

1. 주정차 위반: 4만원에서 8만원으로 변경!

2. 과속카메라 단속 속도 위반: 시속 20킬로미터 초과마다 벌금 2배 부과!

3. 신호 위반: 6만원에서 12만원으로 변경!

4. 화물차 덮개 미설치: 벌금 5만원 부과!

5. 고속도로 톨게이트 통과 시 안전벨트 미착용: 벌금 3만원 부과!

6. 하이패스 통과 시 규정 속도는 시속 30킬로미터입니다.

① 시속 31~49킬로미터: 벌금 3만원+벌점 0점

② 시속 50~69킬로미터: 벌금 6만원+벌점 15점

③ 시속 70킬로미터 이상: 벌금 9만원 + 벌점 30점

모든 법은 바뀌는 날을 기준으로 한달 정도는 단속이 강화됩니다. 도로교통법의 경우 특히, 억울하고 아까운 생각이 더 많이 나지요. 관련 내용 숙지하시고 모두들 불이익 없으시기를 바랍니다.

초긴급이라는 말머리에서 이미 가짜 뉴스의 향기를 맡았지만 읽다보니 '진짜인가?' 싶어진다. 특히 하이패스 진입 속도별로 꼼꼼히 나누어놓은 벌금 항목을 보자 '진짜' 쪽으로 마음이 기울기 시작한다. 동시에 화가 치민다. 속도 위반을 했을 때 시속 20킬로미터마다 벌금이 2배가

된다고? 주정차 위반도 벌금 2배 인상이라고?

배꼽부터 뜨거운 것이 치밀어오르면서 얼른 내 지인들에게도 알려야겠다고 마음을 먹고 공유를 하려던 순간, 다시 "카톡!" 하며 조금 전 초긴급이라며 범칙금 정보를 알려주었던 지인이 아까보다 더 긴급한 말투로 메시지를 보냈다. 미안하다는 거다. 가짜 뉴스일 것이라곤 상상도 못하고 보냈단다. 아차, 싶었다. 나 역시 공유를 하려던 참이 아니었던가. 이런 식이다. 가짜 뉴스는 진짜보다 더 진짜처럼 우리 사이를 파고든다.

하지만 문제는 가짜 뉴스만이 아니다. 진짜 뉴스 역시 프레임만 살짝 바꾸면 가짜 뉴스 못지않게 정보 생태계를 교란할 수 있다. 전혀 다른 해석, 심지어 정반대의 해석도 가능해진다. 그뿐이 아니다. 인터넷 기사마다 달린 댓글들역시 우리의 눈을 가린다. 물론 시민 소통의 광장이라는 순기능도 있지만 드루킹 같은 이들이 베스트 댓글을 조작하겠다고 마음먹고 달려들면 여지없이 무너지는 것이 댓글 여론이다.

이렇듯 정보는 넘쳐난다. 종이신문, 텔레비전 뉴스 외에는 별다른 정보의 출처가 없던 과거와 달리 주체하지 못할 정도로 정보가 넘쳐나는 세상이다. 하지만 비도 적당할 때 고마운 법이지 홍수가 나면 재난이듯 정보 역시 넘쳐나는 순간 우리를 힘들게 한다. 그래서 지금 우리에게는 진짜 정보를 가려내는 눈이 절실하다. 취할 것은 취하고 버릴 것은 버릴 수 있는 혜안이 필요하다. 쉬운 일은 아니지만 훈련하면 안 될 일도 아니다.

음악이 좋아 라디오 피디가 되었던 감성소녀가 어쩌다 시사 프로그램의 품에 안긴 지 10년. '청취자의 눈높이에서 가장 궁금한 것을 가장 쉬운 언어로 묻자'는, 지극히 당연하지만 지독히 어려운 그 소명을 다하기 위해 치열하게 살아온 지난 10년. 10년간 터득한 뉴스 보는 노하우를 강연에 담아보았다.

지난 2월의 강연은 내겐 참 좋은 기억이다. 빈틈없이 꽉 찬 강연장에, 한마디라도 더 담아가고자 초롱초롱 두 눈을 빛내던 청중들. 내 소개를 하기 전 청중들의 자기소개 시간을 마련했다. 정말 궁금했다. '나의 이야기를 듣겠다고 강연료를 내고 귀한 시간을 들여 자발적으로 찾아온 이분들은 대체 어떤 분들인가?' 그런데 아니나 다를까 대부분은 「김현정의 뉴스쇼」의 '왕애청자'들이었다. 항상 전파 너머에 어떤 이들이 있을까 궁금했던 내게 그날의 강연은 마치 이산가족 상봉을 연상케 하는 뭉클한 경험이었다. 때론 진지하게 때론 재미있게, 그날 밤의 2시간은 잊지 못할 추억이 되었다.

종이에 활자로 옮기다보니 그날의 공기까지 담아낼 수는 없어 못내 아쉽지만 강연의 핵심들은 빠뜨리지 않고 꽉꽉 눌러 담아보았다. 그날 함께하지 못했던 애청자들, 언론인 지망생들, 그리고 뉴스 소비자들께 부족하나마 도움이 되기를 바란다. 또 우리 사회에 빛과 소금과 같은 역할을 묵묵히 해주고 있는 든든한 친구 창비에게도 감사의 마음을 살포시 전해본다.

2018년 9월

김현정

차례

지혜의 시대

뉴스로

세상을
움직이다

앵커가 된
'뉴알못'

반갑습니다. 저는 CBS 라디오에서 「김현정의 뉴스쇼」(이하 「뉴스쇼」)를 진행하는 김현정 피디입니다. 본격적인 이야기를 시작하기에 앞서 잠시 두뇌 워밍업을 해볼까요? 이 자리에 모인 분들이 얼마나 시사에 대해 밝은지… 문제를 몇개 준비했습니다. 다 같이 풀어보시지요.

문제 1. 2017년 11월에 방한하는 트럼프 미국 대통령은 한국과 일본에 '이것' 제공 방침을 재확인할 것으로 보인다. '이것'은 핵무기가 없는 나라가 국가 안전보장을 위해 핵무기 보유국의 핵전력에 의존하는 것을 비유하는 말이다. 트럼프 미국 대통령의 '이

것' 제공 방침 재확인은 북한의 핵위협을 억지하기 위한 취지로 보인다. '이것'이란 무엇인가?

　　문제 2. 2018년 시간당 최저임금이 이 금액으로 결정되면서 최저임금 1만원 시대가 다가오고 있다. 소득 불평등 해소에 긍정적인 효과가 기대되지만, 17년 만에 최대 인상률인 16.4퍼센트 증가한 최저임금이 일자리 창출을 제약할 수 있다는 우려도 있다. 이에 정부가 소상공인, 영세중소기업 임금 인상분의 일부를 지원하기로 했다. 2018년 최저임금은 얼마인가?

　　문제 3. 서울대 소비트렌드 분석센터는 2018년의 소비트렌드로 '가격 대비 심리적 효용가치'를 뜻하는 '이것'을 골랐다. 제품을 고를 때 단순히 성능이 아닌 심리적 만족도를 충족할 수 있는지를 고려하는 트렌드로 주목받는 '이것'은 무엇인가?

정답을 말씀드리면, 1번은 '핵우산'입니다. 2번은 '7530원', 3번은 '가심비'입니다. 정답을 몇 개나 맞히셨습니까? 하나도 몰랐다고요? 그렇다면 당신은 '뉴알못'일 가능성이 매우 큽니다. '뉴알못'이 뭘까요? '당신은 뉴알못'이라는 말조차도 아리송한 분들이 계시지요? '뉴알못'이란 '뉴스를 잘 알지 못하는 사람'을 줄여 부르는 신조어입니다. 그런데 뉴스를 잘 알지 못한다고 너무 부끄러워하지는 않길 바랍니다. 사실 저 역시 천하의 '뉴알못'이었습니다.

지금이야 앞선 질문들에 전부 답할 수 있지만, 예전 같았으면 아마 전부 맞히지 못했을지도 모릅니다. 이쯤 들으면 고개를 갸우뚱하실 분들도 있겠지요. '도대체 뉴알못이었다는 사람이 어떻게 우리나라에서 가장 오랫동안 활동한 시사 프로그램 여성 진행자가 되었을까? 게다가 피디 출신이었는데 어린 나이부터 진행을 맡았다고?' 여기서 잠깐, 제 얘기를 좀 해보겠습니다.

저는 어릴 때부터 라디오 피디를 꿈꿨습니다. 초등학

교 4학년 때 어머니가 라디오 기능이 있는 조그만 카세트를 사주셨습니다. 가운데에 카세트테이프를 넣을 수 있고 양옆으로는 조그마한 스피커가 달린 빨간색 카세트였지요. 신기하게 생긴 그 물건에 홀딱 빠져서 라디오를 듣기 시작한 때부터 제 꿈이 시작되었습니다.

당시 심야 라디오 프로그램에는 김희애, 신애라, 채시라씨 같은 당대의 톱스타들이 모두 출동해 디제이를 맡았습니다. 저는 「김희애의 인기가요」「채시라의 밤을 잊은 그대에게」 등을 들었는데, 신기하게도 텔레비전으로 보면 멀게만 느껴졌던 엄청난 톱스타들이 라디오에서는 저와 대화를 나누는 옆집 언니처럼 친근하게 다가왔지요.

"여러분, 오늘 얼마나 힘드셨어요?" 하고 말을 거는 디제이의 한마디가 제게는 바로 옆에서 건네는 언니의, 혹은 오빠의 위로로 느껴졌습니다. 분명 그 진행자는 제 이름도 얼굴도 나이도 모를 테고, 불특정한 다수의 청취자를 향해 의례적인 인사말을 던진 것인데도 친근하게 들렸지요. 저는 바로 그런 점이 라디오의 매력이라고 생각

라디오 디제이의 한마디가 제게는 바로 옆에서 건네는
언니의, 혹은 오빠의 위로로 느껴졌습니다.

합니다.

저는 다른 말로 이걸 '숨'이라고 표현합니다. 혹! 하고 불어넣는 숨이지요. 라디오에는 숨이 있습니다. 일종의 인간미라고 할 수 있지요. 저는 그 숨의 매력에 푹 빠지게 되어 그때부터 라디오 피디를 꿈꾸었고 그뒤로 단 한번도 그 꿈이 바뀐 적은 없습니다.

1995년 대학교에 입학했는데 3학년이던 1997년 말 IMF 외환위기가 터졌습니다. 외환위기 전에는 큰 방송국들이 신입사원을 1년에 20명도 넘게 채용했는데, 제가 졸업할 무렵에는 많아야 5명, 혹은 아예 뽑지 않기도 했지요. 그랬던 상황에서 그야말로 우여곡절 끝에 CBS 라디오 피디가 되었습니다. 제가 입사한 이야기만 해도 다 풀자면 하루가 모자랄 테지만 오늘의 본론에서 벗어나니 다음 기회로 미루겠습니다. 어쨌든 방송국에 입사했고, 게다가 모든 라디오 피디들의 로망이라는 심야 음악 프로그램까지 맡게 되었습니다. '마침내 내가 꿈을 이뤘구나!' 생각하며 하루하루 행복을 만끽했지요.

음악이 흐르는 조그마한 스튜디오에 앉아 창밖을 바라보고 있노라면 여기가 천국이다 싶었어요. 비가 오면 빗줄기가, 눈이 오면 눈송이가 톡톡톡 스튜디오의 넓은 창문을 두드렸습니다. 차 한잔을 옆에 놓고 청취자들의 사연을 읽으며 제가 선곡한, 제가 좋아하는 노래 스무곡을 줄줄이 듣고 있으면 '아! 이렇게 행복한데 월급까지 받아도 되나?' 싶었지요.

그러던 2005년의 어느날 운명의 장난 같은 일이 벌어졌습니다. 편성국장님이 느닷없이 저를 불렀는데, 당시 저희 라디오의 낮 시간대 시사 프로그램 진행자가 2주 동안 휴가를 간다며 저한테 진행 대타를 하라고 하는 것입니다. 여기서부터 제 인생이 꼬이기 시작했습니다. (웃음) 저를 지목한 이유는 네가 지적인 것 같다든지 뭔가 해박할 것 같다든지 하는 그럴듯하고 멋진 것이 아니라 그저 "네 목소리가 시사 프로그램에 잘 맞을 것 같다"는 아주 단순한 것이었지요.

제가 연출하던 심야 음악 프로그램의 진행자가 교통

체증 때문에 두번 정도 지각한 적이 있었는데, 그때 제가 직접 오프닝을 했습니다. 그걸 편성국장님이 듣고 기억했던 것이지요. 이제야 하는 말이지만 사람의 운명이란 그렇게 느닷없이, 번개 치듯 바뀌는 모양입니다. 저는 그 제안이 운명의 전환점이 될 줄은 꿈에도 모른 채 어차피 낮에는 시간적으로 여유도 있고, 좋은 추억이 될 것 같다며 시사 프로그램 진행 대타를 승낙했습니다. 그리고 그것이 계기가 되어 2005년 가을 개편과 함께 그 시사 프로그램의 진짜 진행자가 되고 말았지요.

「김현정의 뉴스쇼」
탄생기

2008년 「뉴스쇼」가 만들어지기 전 CBS 표준FM의 아침 시간대에는 「뉴스레이다」라는 정통 뉴스 프로그램이 자리하고 있었습니다. 기자들의 뉴스 리포트들이 이어지고 중간에는 전화 인터뷰가 하나 정도 들어가는, 전형적인 뉴스 프로그램이었는데 긴 역사와 전통이 있는 좋은 프로그램이었지만 청취율은 저조했지요. 뭔가 획기적인 변화가 필요한 시점이었습니다. 그러한 획기적인 변화의 필요성에 대해 회사 구성원들이 모두 동의하면서 「뉴스쇼」를 론칭하자는 논의까지는 순탄했습니다.

하지만 진행자로 누구를 앉히느냐를 결정하는 과정은 그다지 순탄하지 않았습니다. CBS가 그 어떤 방송국보다도 진보적이고 수평적인 분위기의 열린 회사임에도 불구하고 남자도 아닌 여자가, 기자도 아닌 피디가, 나이가 많지도 않은 어린 사람이 과연 단독 진행을 맡을 수 있겠는가, 이 새로운 시도 앞에 모두 주춤하게 된 것이지요. 실제로 시사 프로그램의 인터뷰 대상은 50~70대 남성 정치인, 공무원, 학자 등등인데 과연 '서른살의 어린, 여자, 피디'가 감당할 수 있겠는가 고민이 될 법도 했습니다.

하지만 역시 CBS였습니다. 과감했습니다. 밑져야 본전이다, 한번 새롭게 가보자는 결론을 내렸지요. 뭐, 어찌 보면 당시 청취율이 워낙 바닥이었기 때문에 과감한 결정이 가능했는지도 모르겠습니다. 아무튼 그렇게 시작한 것이 바로 「뉴스쇼」였습니다.

시작은 미미했지만 「뉴스쇼」는 지난 10년 동안 많은 것을 일궈냈습니다. 「뉴스쇼」의 아침 인터뷰가 하루 종일 타 언론에 인용되며 '뉴스를 만들어내는 뉴스 프로그램'이라는 별명이 붙었지요. 우스갯소리지만 「뉴스쇼」의 인터뷰가 없으면 낮 시간에 방송되는 종편채널의 시사 프로그램 제작이 불가능할 것이라는 얘기가 나올 정도입니다. 처음에는 연락조차 어렵던 유명인들이 이제는 저희 프로그램에 출연하길 요청하며 줄을 서서 기다리기도 합니다.

음악 프로그램 피디로서 제 삶이 '행복'이었다면, 뉴스를 진행하는 지금은 '보람'입니다. 제가 전달하는 뉴스로, 인터뷰들로 세상이 조금씩이나마 분명 바뀌고 있다는 것을 느낍니다. 이 '보람'으로 저는 오늘도 새벽 4시에 일어났습니다.

2005년부터 지금까지 13년 동안 하루 최대 20시간씩 전세계 뉴스를 봅니다. 20시간, 아무리 적어도 하루 12시간에서 13시간씩 뉴스를 보면서 생활하고 있습니다. 20시간 뉴스를 본다는 말은 자다가 깬다는 뜻입니다. 잠을 푹 자지 못하는데, 자다가도 깨어서 옆에 놓인 휴대전화를 보며 무슨 뉴스가 또 터졌나, 아침에 가서 무엇을 바꿔야 하나 고민을 합니다. 미리 준비된 뉴스를 바꾸거나 엎는 것을 '판 갈이'라고 하는데, 거의 항상 판 갈이를 합니다.

이제 뉴스를 보면 이 뉴스가 어떻게 흘러갈지 감이 잡

음악 프로그램 피디로서 제 삶이 '행복'이었다면,
뉴스를 진행하는 지금은 '보람'입니다.

힙니다. 천하의 뉴알못이었던 음악 프로그램 피디 김현정이 이제는 뉴스를 전달하고 만들어내고 이끌어가는 것이지요. 관심을 가지고 세상을 보면 어느새 눈이 뜨이고 길이 보입니다. 그러니 앞서 제가 낸 퀴즈에 꿀 먹은 듯 조용했던 당신, 뉴알못이라고 너무 부끄러워하지 않아도 괜찮습니다!

뉴스가
필요한 이유

우리는 왜 뉴스를 보고 듣고 알아야 할까요? 사실 뉴스를 몰라도 사는 데에 큰 지장은 없습니다. 심심산골 어르신들이 신문을 안 읽고, 인터넷 뉴스를 전혀 안 보아도 사시는 데 아무 지장이 없는 것처럼 말입니다. 하지만 세상과 원활한 소통을 하고자 한다면 얘기는 아주 달라집니다.

아주 사소한 예로 신조어를 생각해보지요. 가령 여기, 젊은 직원들과 대화하기를 열망하는 50대 부장이 있습니다. 부장님은 언제 어디서든 젊은 직원들과 어울려서 수평적으로 대화를 이어가고 싶어하지요. 하지만 부장님은 젊은 직원들이 자주 이용하는 신조어를 도통 모릅니다.

'띵작'(명작)도 '버카충'(버스카드 충전)도 '빼박캔트'(빼도 박도 못하는 상황)도 도통 모릅니다. 이 가여운 부장님은 어느 날 젊은 직원들이 모두 박장대소하는 순간에 결코 함께 웃지 못하는 자신을 발견하게 되지 않을까요?

이렇게 신조어 하나 알고 모르는 것으로도 소통에 영향을 받는데 하물며 세상 돌아가는 뉴스를 모른다면 세상과 소통하는 데 얼마나 큰 지장이 생길까요? 뉴스는 나 자신이 상대방과, 나아가 세상과 좀더 원활히 소통하는 데 필요한 아주 중요한 도구입니다.

둘째, 뉴스는 현재의 기록입니다. 하지만 단순히 기록에만 그치는 것이 아니라, 현재의 뉴스를 보며 과거의 뉴스를 떠올리고, 미래의 뉴스를 예상할 수 있게 합니다. 다시 말해 과거의 기록을 참고하여 미래를 예측할 수 있게 도와주는 나침반 역할을 하는 것이지요.

요즘 쏟아지는 가상화폐(암호화폐) 뉴스를 예로 들어보겠습니다. 지폐나 동전 같은 실물이 없고 온라인상에서만 거래되는 화폐를 가상화폐라고 합니다. 데이터를 누구나 열람할 수 있는 장부에 보관하여 거래를 투명하게 관리하는 블록체인 기술이 발전하여 이 기술을 활용한 수많은 가상화폐가 잇따라 개발되었지요. 가상화폐는 화폐 발행 비용이나 거래비용을 획기적으로 절감할 수 있으며 높은 보안을 자랑한다는 점 등을 내세워 주목을 받았습니다.

국내에서는 생소하기만 했던 가상화폐 시장이 몇몇 사람들의 투자 성공담에 힘입어 급격히 성장했습니다. 특히 2030세대의 적극적인 투자와 투기로 시장이 순식간에 포화상태가 되었고, 가상화폐 가격이 단기간에 급등했지요.

오늘날의 가상화폐 뉴스를 보면서 과거 17세기 네덜란드에서 발생한 '튤립 파동' 사태를 떠올리는 분들이 있을 것입니다. 당시 네덜란드 귀족들은 오스만제국에서 수입한 아름답고 이국적인 꽃 튤립에 푹 빠졌고, 튤립 구근을 사 모으기 시작했습니다. 인기가 높아지자 자연히 튤립 가격은 상승했고, 그때부터는 투기꾼들이 시장에 등장했지요. 튤립 시장은 과열되어 고급 품종 구근 하나의 가

오늘날의 가상화폐 시장은
17세기 네덜란드의 튤립 파동을 떠올리게 합니다.

격이 집 한채, 땅 몇마지기, 금 몇덩어리 가격으로까지 치솟았습니다. 튤립을 팔기 위해 본격적으로 재배하는 사람들도 생겨났지요.

끝 모르고 치솟던 튤립 가격은 급기야 지불능력이 있는 구매자가 없을 지경까지 오르게 됩니다. 사겠다는 사람이 없으면 당연히 값은 떨어지겠지요. 가격이 한번 떨어지기 시작하자 너도나도 가지고 있던 튤립을 내다 팔며 대폭락의 길을 걷게 됩니다. 어음은 부도가 나고, 더이상 구매자는 없고 채무자만 넘치는 상황이 발생했지요. 결국 의회와 당국이 개입해 비정상적인 시장가격을 규제하면서 비로소 사태가 진정되었습니다.

다시 오늘날의 뉴스로 돌아올까요. 가상화폐 현상을 떠올려보지요. 대표적인 가상화폐 '비트코인'의 가격이 마구 치솟기 시작하던 2017년 6월경, 저희 「뉴스쇼」에서는 전문가인 홍익대학교 경영학부 홍기훈 교수와 인터뷰를 했습니다. 홍 교수는 당시 하루가 무섭게 시세가 급등하는 비트코인 붐에 대해 "〔가격이 폭등하던 발행 초기의) 과거에 일어났던 일이 앞으로도 일어날 거라고 생각을 하면 위험할 수도 있습니다. 비트코인을 사는 행위는 화폐를 사는 것이 아니라 투자를 하는 것이라고 생각해야 합니다. 그렇기 때문에 투자를 하기 전에 위험에 대해서 많은 고려를 해야 할 것입니다"라고 경고했습니다.

이 전문가의 경고는 17세기 튤립 파동과 오늘날 가상화폐 투기를 나란히 두고 생각하게 만듭니다. 과거 튤립 투기 현상이 한창 과열되었을 때에는 튤립 실물을 보지도 않고 구입하는 사람들이 있었다고 합니다. 결국은 8000달러까지 올라갔던 튤립 한송이의 가격은 최고치 대비 수천분의 1 수준까지 떨어졌지요. 2017년 6월 가상화폐 뉴스를 보며 17세기 튤립 파동을 떠올릴 수 있다면, 그 사람은 가상화폐에 투자하면서 신중에 신중을 기할 수밖에 없었을 것입니다. 실제로 2017년 동안 하루가 다르게 치솟던 비트코인 가격이 2018년에 접어들어 상당히 떨어지지 않았습니까? 신중하게 투자한 사람일수록 훨씬 손해를 적게 보았을 것입니다.

이처럼 오늘날의 뉴스를 보고 과거의 뉴스까지 떠올릴 수 있다면, 미래에 무슨 일이 벌어질지 막연하더라도 감을 잡을 수 있습니다. 이게 바로 뉴스가 우리에게 주는 힘입니다. 과거를 통해 오늘을 읽어내고 나아가 미래도 예측할 수 있게 도와주지요.

다른 예시를 하나 더 들어보겠습니다. 2018년 2월 문재인 대통령이 김여정 북한 조선노동당 중앙위원회 제1부부장을 만났습니다. 신년 기자회견에서 문 대통령이 제안한 남북정상회담을 김 부부장이 받아들인 것입니다. 이와 관련하여 한 외국 기자가 "남북정상회담은 언제 열리고, 언제쯤 결실을 볼 수 있느냐"라고 질문하자 문 대통령이 답합니다. "남북정상회담을 거론하는 것은 우물가에서 숭늉 찾는 격이다." 지나치게 서두르는 것을 경계한 답이었고, 이는 당시 큰 뉴스가 됐지요. 문 대통령은 이 발언으로 당시 고조되던 평화 분위기에 브레이크를 걸었습니다. 왜 찬물을 끼얹는 말을 했을까, 의아할 수도 있지만 평소 뉴스를 열심히 봤던 분이라면 과거의 사건들을 떠올렸을 것입니다.

지난 2000년 제1차 남북정상회담 때의 일입니다. 남북정상회담이 열리면 바로 통일이 될 것 같은 분위기였고, 남측은 회담을 적극적으로 밀어붙여 성사시켰습니다. 하지만 북한은 어땠습니까? 본격적으로 핵을 개발하고 핵무기를 만들기 시작했습니다. 2007년 제2차 남북정상회담 때도 남측은 적극적으로 나섰습니다. 북한은 이미 핵무기를 만들기 시작했지만 이를 저지해야 한다는 것이 국제사회의 뜻이었기 때문에 6자회담과 함께 남북정상회담이 이뤄졌지요. 6자회담과 남북정상회담이 공조하여 함께 북한의 핵개발을 막아보자는 분위기가 강했기 때문에 더욱더 남북정상회담에 힘을 실을 수 있었습니다. 그런데 결과는 어땠지요? 북한은 핵무기 개발을 밀어붙여 결국 완성해냈고, 그다음 선거에서 여당은 참패했습니다. 물론 회담 실패가 여당이 선거에서 패배한 단 하나의 원인은 아니겠지만, 결코 간과할 수 없는 영향을 끼쳤음은 분명합니다.

2000년과 2007년, 과거의 두 뉴스를 떠올린다면 문재인 대통령의 '우물가에서 숭늉 찾는 격'이라는 발언이 어떻게 나왔는지 그 맥락을 읽을 수 있습니다. 북한은 두차례 남북정상회담에도 핵개발을 계속했고, 과거의 사례를 볼 때 이 무기를 쉽게 놓지 않으리라는 것을 알 수 있지요. 이런 상황에서 남북정상회담을 서두르기만 한들 무슨 실익이 있겠습니까? 문 대통령이 평화 분위기에 제동을 건 것은 북한과 주변국들 간의 의견을 조율하고 핵문제를 어느 정도 해결한 다음에 남북정상회담을 하겠다는 전략이었습니다.

그후 김영철 북한 노동당 부위원장 겸 통일전선부장이 남한으로 내려와 관계부처와 접촉했고, 3월에는 남북정상회담 준비위원회가 구성되었습니다. 마침내 문재인과 김정은, 남북 두 정상은 2018년 4월 27일 처음 만나게되었고, 뒤이어 6월 싱가포르에서 북미정상회담까지 개최되었지요. 시국이 급박하게 변하고 여러 국가들 사이에서 조율이 이루어지는 가운데, 남북 정상은 각 단계에서 완

과거의 남북 관계를 돌아보면 문재인 대통령이
왜 평화 분위기에 제동을 걸었는지 알 수 있습니다.

급을 조절하며 속도를 결정하고 있습니다.

　과거에 그랬던 것처럼 서두르거나 무리하게 밀어붙이지 않고 차근차근 단계를 밟아가겠다는 것입니다. 그래서 우물가에서 숭늉 찾지 말라는 발언이 나온 것이지요. 과거의 실수를 떠올리고 이를 되풀이하지 않기 위한 지혜를 발휘하게 하는 것, 뉴스는 바로 이런 역할을 할 수 있습니다.

보도하지 않으면
아무도 모른다

앞서 뉴스의 필요성, 중요성에 대하여 이야기를 해보았습니다. 그런데 말이지요, 아무리 중요한 뉴스일지라도 보도하지 않으면 대중들이 그것을 알 수 있을까요? 알 턱이 없습니다. 다시 말해 언론인들이 어떤 사실을 포착하고 뽑아내서 '뉴스'라는 지위를 부여해 보도하는 행위 그 자체에 엄청난 힘이 있습니다. 그것이 바로 펜의 힘, 마이크의 힘이지요. 저는 10년이 넘게 뉴스를 진행하고 있지만, 하면 할수록 겁이 납니다. 마이크의 힘, 언론의 힘이 얼마나 센지를 시간이 지날수록 절감하기 때문이지요.

간단한 사례부터 들어보겠습니다. 여러분, 포털 사이트에서 스타들의 '공항 패션' 기사를 본 적이 있지요. 이런 기사를 보면 우리는 두가지를 떠올립니다. 첫째, 이것은 연예인이 협찬을 받은 옷일 것이다. 둘째, 내가 입는다고 이 연예인처럼 보이지는 않을 것이다. (웃음) 그러나 이 두 사실을 뻔히 알면서도 그 옷을 사고 싶어지는 것은 어쩔 수 없습니다. 며칠 후 그 스타의 공항 패션에는 '완판' 뉴스가 어김없이 이어집니다. 이것 역시 뉴스의 힘을 보여주는 사례입니다.

제아무리 유명 브랜드에서 옷이나 가방을 협찬하고 그것들로 치장한 연예인들이 공항에 간들, 보도로 다루지 않는다면 대중들이 어떻게 알겠습니까? 하지만 보도가 되고 포털 사이트 메인에 오르고, SNS를 통해 퍼져나가는 순간 그 힘은 어마어마해집니다.

다음 사례입니다. 지난 2014년 가수 이효리씨가 노란 봉투에 4만 7000원을 담아 쌍용자동차 노동자들에게 손편지를 보낸 일이 화제가 된 적이 있습니다. 당시 쌍용자동차 해고 노동자들에게 사측이 손해배상을 청구했는데, 1심 재판부는 자그마치 47억원의 금액을 노동자들이 회

스타들의 공항 패션이 보도되고 포털 사이트 메인에 오르고
SNS를 통해 퍼져나가는 순간 그 힘은 어마어마해집니다.

사에 배상하라는 판결을 내렸습니다. 아름다운재단은 이 문제를 해결하기 위해 시민 10만명이 4만 7000원씩 보태서 4억 7000만원을 모으자는 '노란 봉투 프로젝트'를 시작했지요. 예전에 월급을 노란 봉투에 담아 주던 것에서 아이디어를 얻었다고 합니다.

아름다운재단은 나름 열심히 홍보했지만 모금은 지지부진했습니다. 그런데 이 소식을 들은 이효리씨가 노란 봉투 프로젝트에 동참했습니다. 이런 사실을 언론이 대서특필하지 않을 리가 없지요? 놀라운 일은 그뒤에 일어났습니다. 뉴스가 나온 지 불과 이틀 만에 2억 7000만원이 모금된 것입니다. 보도의 힘, 뉴스의 힘을 여실히 보여준 사례입니다. 물론 이효리라는 연예인의 인기가 가장 중요한 역할을 했지요. 하지만 이효리씨가 손편지보다 더한 어떤 행동을 했다고 한들, 언론이 보도하지 않았다면 대중은 그런 일이 있었다는 것을 알 수 없습니다. 보도의 힘, 뉴스의 힘은 이렇게 큰 것입니다.

마지막으로 검찰 내 성추행을 고발한 서지현 검사의

이야기를 해보겠습니다. 이 문제는 2018년 1월에 공론화되었지만 사건 자체는 이미 몇 년 전에 발생한 것입니다. 2018년 1월 26일 서 검사가 이프로스라는 검찰의 비공개 내부통신망에 8년 전 성추행 사실을 고발합니다. 검찰 내부에서는 즉시 이 문제가 공론화되었습니다. 하지만 비공개 통신망인지라 대중들은 그 사실을 전혀 알지 못했지요. 뒤늦게 이 소식을 들은 어느 기자가 기사를 썼고 그때부터 뉴스는 일파만파 퍼져나가기 시작했습니다. 급기야 서 검사가 JTBC 「뉴스룸」에 직접 출연해 인터뷰를 하면서 사건의 영향력이 폭발하게 되었지요.

보도되지 않았다면, 인터뷰를 하지 않았다면, 영영 검찰 내부의 일로 묻힐 수도 있던 사건이 세상에 공개되는 순간 엄청난 파장을 가져온 것입니다. 서지현 검사의 이 인터뷰는 뒤이어 수많은 미투 선언의 촉발제가 되기도 했습니다.

미투 운동은 2017년 미국 영화계에서 유명 영화제작자인 하비 와인스틴의 성범죄 폭로가 이어지며 시작되었

보도되지 않았다면 영영 묻힐 수 있던 사건도
세상에 공개되는 순간 엄청난 파장을 가져올 수 있습니다.

습니다. 그해 10월 영화배우 알리사 밀라노는 주변에 얼마나 많은 피해자가 있는지 경각심을 불러일으키고 피해자들과 연대하자는 취지에서 SNS에 '나도 피해자'라는 의미로 '#MeToo'라는 해시태그를 달자고 운동을 제안했지요. 수많은 사람들이 자신이 겪은 성추행, 성폭력을 고백하며 큰 파문을 일으켰고 전세계로 확산되었습니다.

앞서 말했듯 서지현 검사의 폭로로 국내에서도 미투 운동이 일어나게 되었습니다. 법조계에서 시작된 이 운동은 문화·예술·교육·정치 등 각계각층으로 번지며 큰 충격을 주었지요. 미투 운동으로 드러난 범죄 피해자들의 아픔에 공감하고 지지한다는 의미의 '위드유(With You) 운동'도 이어지면서 우리 사회에서 성범죄와 젠더 문제가 담론화되었습니다.

이렇듯 뉴스는 힘이 무척 셉니다. 어떤 사건을 보도함으로써 이슈를 공론화하거나 문제를 제기할 수 있습니다. 뉴스가 되지 않는다면 제아무리 중요한 문제일지라도 대중들이 사건을 알아차리고 진상을 파악하기 어렵지요. 반면 기사가 되고 인터뷰가 나가면 온 사회를 뒤집어놓을 정도의 파장을 일으킬 수도 있습니다. 따라서 뉴스를 보도하는 사람도, 뉴스를 보는 사람도 이 어마어마한 힘을 간과해선 안 됩니다.

뉴스 사진의
사실과 진실

  지금부터 몇장의 사진을 보여드리겠습니다. 제가 소개하는 사진과 관련 뉴스 가운데 가짜 뉴스가 있을까요? 미리 말하자면 이 중 가짜는 없습니다. 세장의 사진과 뉴스 모두 사실, 즉 팩트(fact)입니다. 그런데 '사실'이 곧 '진실'을 의미하지는 않습니다. 지금부터 보도가 어떤 프레임을 가질 수 있는지 '사실'과 '진실'은 어떻게 다른지 한번 살펴보겠습니다.

  먼저 남아프리카공화국 출신 사진작가 케빈 카터가 1993년 촬영한 「수단의 굶주린 소녀」라는 보도사진입니다. 사진 오른쪽 아래에 깡마른 어린아이가 고개를 푹 떨구고 쭈그려 앉아 있습니다. 아이는 너무 말라 갈비뼈가

다 보일 지경입니다. 그 뒤쪽에는 아이가 쓰러져 죽기를 기다리는 듯 독수리 한마리가 앉아 있습니다. 금방이라도 날아들어 아이를 공격할 것 같은 눈빛으로 말이지요.

이 사진은 당시 남수단의 기아 문제를 취재하기 위해 아요드 지역을 방문했던 카터 기자가 한 식량 배급소 근처에서 찍은 것입니다. 카터 기자는 남수단의 기아 문제를 알리는 데 이보다 더 상징적인 장면은 없다고 생각했고, 그의 예상대로 이 사진은 어마어마한 반향을 일으키며 남수단 기아 해결 운동의 도화선이 됩니다. 그리고 카터 기자는 사진기자들에게 주어지는 가장 영예로운 상인 퓰리처상을 수상했지요.

그런데 놀랍게도 케빈 카터 기자는 퓰리처상 수상 후 스스로 목숨을 끊었습니다. 왜 그랬을까요? 이 사진은 미국에 남수단의 기아 문제를 적나라하게 알리며 큰 반향을 일으켰지만, 동시에 엄청난 비난도 받았습니다. 아무리 보도라고 해도 아이가 죽어가고 있는데 지켜보면서 사진이나 찍었느냐, 이게 기자의 윤리냐 하는 비난이 쏟아졌지요. 사진을 찍기보다는 독수리를 쫓아내고 아이를 구하는 것이 우선이지 않으냐는 주장이었습니다. 비난의 광풍이 거세지면서 이 사진과 기자의 윤리를 놓고 텔레비전 토론이 열리기도 했습니다. 이러한 비난을 견디지 못한 카터 기자는 결국 자기 자동차 안에서 스스로 목숨을 끊고 맙니다.

여기까지만 들으면 충분히 타당한 논쟁인 듯합니다. 우리는 프레임 속에 담긴 사진의 정보를 받아들이고 해석하기 때문입니다. 아무리 실상을 알리는 게 중요해도 생명이 우선이지 않으냐고 생각할 법하지요. 하지만 그 프레임의 바깥은 어땠을까요? 사진이 담은 장면은 '사실'이지만 과연 '진실'이기도 했을까요?

카터 기자가 사진을 촬영할 당시 바로 그 옆에는 목격자가 있었습니다. 동료 기자였지요. 그 동료에 따르면 사실 사진 프레임 바깥에는 유엔의 식량 배급소가 있었다고 합니다. 아이의 부모는 식량을 받으러 가면서 잠깐 아이를 땅에 내려두었는데, 그사이 독수리가 아이를 지켜보는 상황이었다고 했지요. 카터 기자는 그 순간을 포착해 셔터를 눌렀고 사진을 찍은 직후 휘이휘이 하며 독수리를 내쫓았답니다. 그리고 돌아온 부모는 아이를 다시 안고 집으로 돌아갔지요.

카터 기자의 동료는 사진에 찍힌 아이가 나중에 밥을 먹고 걸을 수 있을 정도로 회복됐다고 열심히 증언했습니다. 하지만 비난 여론이 광풍처럼 몰아치던 때에는 그 어떤 말도 변명으로만 받아들여질 뿐이었지요. 결국 카터 기자가 목숨을 끊고 나서야 대중은 동료의 증언에 귀를 기울이기 시작했고 비로소 그 증언 또한 사진에 찍히지 않은 사실이라는 것을 알게 되었지요.

사진을 한장 더 소개하겠습니다. 미국의 사진작가이 자 전쟁기자였던 에디 애덤스가 1968년 촬영한 「사이공식 처형」이라는 작품입니다. 애덤스 기자 역시 이 사진으로 퓰리처상을 수상했습니다. 베트남전쟁이 한창이던 때 촬영된 이 사진에는 두 남성이 등장합니다. 무장한 경찰과 베트콩(남베트남민족해방전선)으로 보이는 한 남성입니다.

어떤 무기도 들지 않은 채 포박된 베트콩 남성은 죽기 직전 두려움에 떨며 얼굴을 잔뜩 찌푸리고 있지요. 총을 든 이는 너무도 잔인하고 냉혹해 보입니다.

1968년 AP통신 종군기자로 베트남에 파견된 애덤스 기자는 오늘날의 호찌민인 사이공에서 취재를 하던 중 무장한 베트남 경찰이 베트콩을 포박해서 끌고 오는 장면을 목격합니다. 일상적인 풍경이라 생각하고 무심코 지켜보고 있었다고 합니다. 그런데 경찰은 지프차 앞에 멈춰서더니 잠깐의 망설임도 없이 포박된 베트콩 남성의 머리에 방아쇠를 당겼습니다. 너무나 놀란 애덤스 기자는 바로 셔터를 눌렀고, 그렇게 촬영된 사진은 AP통신을 통해 전 세계에 타전되었지요. 아무리 그래도 무장하지 않은 양민을 베트콩이라는 이유만으로 재판도 거치지 않고 즉결 처형을 해도 되는가 하는 동정론이 일었고 전쟁을 비판하는 여론이 들끓기 시작했습니다. 전쟁의 참혹함을 담은 이 사진 한장이 반전운동의 기폭제가 되었지요.

애덤스 기자의 사진은 굉장히 사실적입니다. 과연 이

사진에 연출이 어디 있겠습니까? 다만 앞서 본 사진처럼 우리는 사진에 담긴 '사실'이 '진실'인지 생각해봐야 할 것입니다.

실은 한없이 선량해 보이던 그 베트콩은 악명 높은 전쟁범죄자였습니다. 베트콩 암살부대의 지휘관으로서 무고한 사람들을 닥치는 대로 살해하거나 강간하고 심지어 아이들까지 무차별적으로 살해한 공공의 적이었지요. 한편 총을 쏜 사람은 당시 베트남의 경찰국장이자 군인인데, 사진에서는 아무 감정도 없이 잔인한 사람으로 보였지만 실상은 청렴하고 정의롭기로 유명해서 많은 이들로부터 존경을 받던 인물이었습니다. 부녀자와 아이를 포함해서 수없이 많은 시민을 잔인하게 학살한 전쟁범죄자를 어렵사리 생포한 경찰국장은 끓어오르는 분노를 견디기 어려웠다고, 더이상은 끔찍한 피해가 없도록 해야겠다고 판단해서 즉결 처형했다고 훗날 증언했습니다.

물론 아무리 극악한 범죄자라도 정식 재판을 거치지 않고 처형하는 것은 옳지 않습니다. 다만 사진에는 그런 사정이 담길 리 없으니 사람들은 사진에 찍힌 장면만 보고 판단할 수밖에 없었지요. 경찰국장은 잔인한 살인마로 몰렸고, 남베트남이 전쟁에서 패배하자 살기 위해 미국으로 이주했습니다. 처음에는 피자 가게를 하면서 조용히 지냈는데 사진 속 인물이라는 사실이 알려지는 바람에 비난을 피해 도망 다니게 되었지요. 결국 경찰국장은 1998년 암으로 사망했습니다. 애덤스 기자는 자신의 사진이 불러온 결과를 애도하며 1998년 『타임』에 기고한 글에서 "나는 내 카메라로 경찰국장을 죽였다"고 했습니다. 또한 "사진은 오로지 절반 정도만 진실이다"라고 하기도 했지요.

우리나라에서도 비슷한 사례를 찾아볼 수 있습니다. 박근혜 전 대통령 당시 해양수산부 초대 장관이던 윤진숙 장관이 얼굴을 찌푸린 채 코를 막고 있는 장면이 보도되면서 큰 논란이 일었던 걸 기억하십니까?

2014년 1월 원유 27만톤을 싣고 가던 유조선이 접안 과정에서 송유관을 들이받는 바람에 여수 앞바다에 기름

에디 애덤스는 "사진은 오로지 절반 정도만 진실이다"라고 했습니다.

이 유출되는 큰 사고가 터졌지요. 당시 윤진숙 장관은 곧바로 여수를 방문했고 어민들과 면담하는 자리를 가졌습니다. 여기까지는 전혀 문제가 될 게 없는, 칭찬을 받을 법한 발 빠른 행동이었습니다. 그런데 다음이 문제였습니다. 그 면담에 참석한 윤진숙 장관은 얼굴을 잔뜩 찌푸리며 코를 막는 포즈를 취했습니다. 그 장면을 포착한 연합뉴스의 사진기자는 당연히 셔터를 눌렀지요. 그때만 해도 그 한장의 사진이 일으킬 어마어마한 파장을 예상한 사람은 아무도 없었을 것입니다.

이 사진은 이내 포털 사이트 메인에 올랐고 순식간에 엄청난 수의 댓글이 쏟아졌습니다. '아니, 기름 유출로 당장 생계가 막막한 어민들 앞에서 장관이라는 사람이 냄새가 난다며 코를 막는 게 말이 되는가' '자질에 심각한 문제가 있다' 등 여론이 들끓었지요.

그 사진을 해명하기 위해 윤 전 장관은 직접 텔레비전에 출연하여 인터뷰를 가졌는데, 그 자리에서 또 말실수를 저질러버렸습니다. "왜 자꾸 구설에 오르는가?"라는 앵커의 질문에 "내 인기 때문"이라고 답변한 것이었지요. 아뿔싸! 아마도 그는 재치 있는 답변이라고 생각했던 것 같습니다. 아무튼 해명을 하려던 인터뷰는 오히려 비난 여론을 더 부채질했고, 결국 박근혜정부에서 첫번째로 경질되는 장관이 되고 말았습니다. 물론 사진 한장이 직접적인 경질의 이유가 된 것은 아니지만 사진 한장에서 시작된 일임은 분명하지요.

윤진숙 전 장관의 사진을 다시 볼까요? 이 사진에도 역시 거짓은 없습니다. 분명 '사실'을 있는 그대로 찍었을 뿐이지요. 하지만 이 사진 프레임 바깥에도 우리가 놓친 어떤 다른 이야기가 숨어 있지는 않을까요?

당시 윤 전 장관은 억울함을 호소했습니다. 자신은 냄새 때문에 코를 막은 것이 아니라 지독한 독감에 걸린 탓에 줄줄 흐르던 콧물을 막았을 뿐이라고 했지요. 그저 콧물을 막았는데 그 순간 기자가 셔터를 누르고 악의적으로 보도했다고 주장했습니다.

한편 사진기자는 답합니다. '코 막는 장관'이라는 제

목으로 사진을 보도했을 뿐 장관이 냄새 때문에 코를 막았다고 한 적은 없다는 것이지요. 그저 그 사진을 본 사람들이 냄새 때문에 코를 막았다고 해석한 것뿐이라는 설명이었습니다. 어떤가요? 사진에는 명백한 '사실'이 담겨 있지만 무엇이 '진실'인지는 여전히 불분명합니다.

마지막으로 우리나라에서 얼마 전에 찍힌 사진을 소개하겠습니다. 지난 평창동계올림픽에 출전한 북한 선수들이 선수촌에 입촌했는데, 방에 들어가자마자 창밖으로 큰 인공기를 걸었다고 사진이 보도되었습니다. 그 사진을 보고 저도 처음에는 뜨악했습니다. '아니, 굳이 저렇게 커다란 인공기까지 걸 필요가 있나?' 하는 생각이 들었지요.

다음 날 다른 사진을 발견했습니다. 북한뿐 아니라 다른 나라도 전부 자기 방 창밖으로 국기를 건 것입니다. 수많은 국기 중 인공기도 걸려 있었던 것뿐이지요. 인공기를 강조해서 촬영한 기자가 거짓말을 한 것일까요? 아니지요. 그 기자는 사진의 프레임 안에 인공기만 담았을 뿐입니다. 하지만 그 사진만 본 우리는 북한이 인공기를 걸며 갈등을 일으키려고 하는 것이 아닌가 의심을 품게 마련입니다.

이처럼 인위적으로 조작하거나 연출된 사진을 찍지 않는 이상 뉴스로 보도되는 사진은 분명히 '사실'입니다. 그러나 사진을 볼 때 우리가 이해한 '사실'이 과연 '진실'인지를 물어야 합니다. 사진은 단 한 컷, 프레임 안에 들어온 장면으로만 이야기합니다. 맥락에 대한 이해 없이 한 장면만으로 모든 진실을 알 수 있다는 생각은 위험한 착각입니다. 한 컷의 전후 상황과 프레임 바깥에서 벌어지는 일을 파악함으로써 단순한 '사실'이 아닌 종합적인 '진실'에 다가갈 수 있도록 뉴스를 보는 훈련을 해야 합니다.

선입견을 깨고
균형 있게 뉴스 읽기

이처럼 뉴스에는 '프레임'이 있습니다. 우리가 눈으로 앞과 양옆을 볼 수는 있지만 뒤에는 뭐가 있는지 절대 보지 못하듯 말이지요. 기자가 아무리 노력해도 기사로 전달할 수 있는 내용에는 한계가 있습니다. 모든 뉴스는 기자의 눈, 앵커의 눈, 어떤 저널리스트의 눈을 통해 여러분에게 전달됩니다. 전달자가 설정한 프레임이 있는 셈이지요. 뉴스를 보는 대중은 그 프레임 속에 갇힐 수밖에 없습니다. 그러니 신중하고 조심스럽게 프레임에 다가가야 합니다. 도대체 어떻게 프레임을 걷고 볼 것이냐, 굉장히 어려운 문제입니다.

그렇다면 모든 뉴스를 의심해야 할까요? 그건 아닙니

다. 모든 뉴스와 저널리스트를 의심하고 음모론을 제기하라는 말은 아닙니다. 근거도 없이 의심만 하는 것은 더 위험합니다. 무조건적인 불신은 무조건적인 신뢰와 크게 다르지 않기 때문입니다. 따라서 음모론은 자칫 잘못하면 사이비종교처럼 변질될 수도 있습니다.

뉴스를 제대로 읽고 이해하기 위해서는 의심만 하는 것이 아니라 프레임을 깨고 밖으로 나가야 합니다. 프레임을 깨기 위해 가장 중요한 것은 선입견을 벗어던지는 것이고, 그 선입견을 벗어던지기 위해 중요한 것은 질문을 던지는 일입니다. 이 기사가, 이 사진이, 이 뉴스가 보여주는 것이 과연 전부일까? 이 기자가 나에게 설명한 것이 정말 전부일까? 한번 질문해보라는 이야기입니다. 가능하면 사건 당사자의 이야기를 듣고, 갈등이 있는 이슈라면 양쪽의 입장을 모두 챙겨들은 후 선입견을 배제하고 판단해야 합니다.

앞서 북한 인공기 뉴스를 소개하면서 제가 가졌던 선입견을 말했습니다. '북한은 곧 트러블 메이커. 인공기를

평창동계올림픽에 출전한 북한 선수들은 선수촌 창밖으로 인공기를 걸었지만,
이는 다른 나라 선수들도 똑같이 했던 일입니다.

걸면서 남남 갈등을 유발하려고 하는지도 몰라.' 머릿속에 선입견을 가지고 있다보니 그 사진 역시 제 선입견에 부합하는 방향으로 보게 된 것이지요.

물론 지독히 오랫동안 머릿속에 똬리를 틀고 있는 선입견을 지워내는 건 참 어려운 일입니다. 저는 뉴스 앵커이자 피디로서 이 지독히 어려운 일을 잘해내려고 무척 노력을 기울이고 있습니다. 이런 노력이 유효했던 일화를 하나 소개해볼까요?

2018년 1월, 전주교도소의 한 재소자가 폭행을 당했다며 교도관 4명을 고소하는 일이 있었습니다. 교도관들이 독방 안에서 재소자에게 심한 욕설을 하고 폭행했으며, 징벌방에 끌고 가 가혹행위를 했다는 내용이었지요. 보도를 본 저희 「뉴스쇼」 제작진은 모두 너무 놀랐습니다. 어떻게 이런 고문에 가까운 일이 2000년대에도 일어날 수 있다는 말인가 반문했지요. 당장 인터뷰를 하기 위해 당사자들에게 접촉했고 피해를 입었다는 재소자의 어머니를 섭외할 수 있었습니다.

어머니가 주장한 사건의 전말은 이렇습니다. 지난 7월 아들이 자해를 해서 입원했다는 소식을 듣고 접견을 가보니 얼굴에 피멍이 들고 여기저기 상처가 있었다고 합니다. 아들이 스테이플러 침을 발에 박아 자해했는데, 교도관들이 이를 말리는 과정에서 지나치게 강압적으로 대응했다고 주장했습니다. 어느날에는 아들이 더워서 상의를 벗고 있었는데 교도관들이 상의를 입으라며 심한 욕설을 퍼부었다고도 했습니다. 참다못한 아들이 교도관의 눈 위를 살짝 찔렀는데 갑자기 CCTV가 없는 징벌방으로 끌고 가더니 '네가 자해했던 스테이플러 맛을 보라'며 스테이플러로 발을 찍고 위협하며 구둣발로 불편한 다리를 때리는 등 아들을 묶어놓고 심한 가혹행위를 했다는 것이었지요. 참으로 끔찍한 이야기였습니다. '교도소가 폐쇄적이니까 이런 일이 발생할 수도 있겠구나' 생각하니 분노가 치밀어올랐습니다. 당장 인터뷰 약속을 하고 방송 날짜를 확정했습니다.

그런데 교도관 측에 접촉을 하자 전혀 다른 이야기가

나오기 시작했습니다. 재소자 정씨는 상습적 자해와 직원 폭행 등으로 관심 대상 수용자였으며, 교도관이 보복성 폭행을 한 적은 단 한번도 없다는 주장이었습니다. 논란이 된 상의 착용 문제도, 문신이 있는 재소자의 경우 교도소 안에서 다른 사람과 함께 있을 때는 상의를 꼭 착용하도록 규정되어 있는데, 피해 재소자는 상반신에 문신이 잔뜩 있는데도 상의를 벗고 있었다고 했습니다. 그래서 규칙에 따라 상의를 입으라고 이야기를 했는데 재소자가 끝내 따르지 않았다는 것입니다. 몇번이나 얘기를 하자 그가 먼저 교도관의 눈을 '쿡' 찔렀다고 했습니다. 어머니는 분명 눈 위를 '살짝' 찔렀다고 주장했는데 교도관은 눈을 정통으로 '쿡' 찔렀다고 이야기했지요.

징벌방의 CCTV에 대한 주장도 엇갈렸습니다. 재소자는 징벌방에 CCTV가 없다고 했지요. 그런데 교도소 측은 징벌방에 CCTV가 있고 기록도 되어 있지만, 재소자들의 안전 문제와 현재 수사 중인 사안이라는 점을 고려해서 당장은 공개하지 말라는 법원의 결정을 따랐을 뿐이라고 말합니다. 즉 보여주기 싫어서 공개하지 않은 게 아니고 법원이 막고 있어서 못 보여준 것이라는 설명이었습니다. 교도소에서는 어머니가 교도소를 고소한 이유가 다른 데 있는 것이 아닌지 의심스럽다고도 했습니다. 교도관 폭행 때문에 특수공무집행방해죄로 수사를 받고 있는 아들의 처벌을 피하기 위해 언론에 거짓 제보를 하여 교도소를 압박하고 있는 것이라고 주장했습니다. 하지만 저희의 인터뷰 요청에는 공무원인 자신들의 처지 때문에 상부의 결정 없이 응하기는 어렵다고 했습니다.

양쪽 이야기를 듣고 보니 약간 다른 정도가 아니라 아예 반대 사실을 말하는 상황이었습니다. 저희는 고민에 빠졌습니다. 어머니는 당장 인터뷰를 하겠다고 했고, 실제로 재소자 어머니의 말만 듣고 기사를 쓴 언론들도 많았습니다. 하지만 진실이 무엇인지 명확하지 않은 상황에서 어머니의 인터뷰만을 내보낼 수는 없다고 생각했습니다. 결국 「뉴스쇼」에서는 판단을 청취자의 몫으로 남기고 양쪽의 주장을 균형 있게 전달하는 방송을 했습니다.

오랫동안 머릿속에 똬리를 틀고 있는 선입견을 지워내는 건 참 어려운 일입니다.
저는 뉴스 앵커이자 피디로서 이 어려운 일을 잘해내려고 노력을 기울이고 있습니다.

이렇게 당사자 양쪽의 이야기를 다 들으면 한쪽 이야기만 들었을 때와 다른 양상이 펼쳐집니다. 우리가 한쪽 주장만 듣고 그것을 신뢰할 때에는 분명 선입견이 개입할 수밖에 없습니다. 이 경우에는 '재소자는 무언가 나쁜 짓을 할 만한 사람이다' 혹은 '교도관이 폐쇄된 공간에서 나쁜 짓을 저지를 수도 있다' 하는 선입견을 가지고 문제에 접근했던 것입니다.

우리는 프레임의 유혹을 뿌리치기 위해 뉴스를 보며 끊임없이 질문하고, 내가 가진 선입견이 내 판단에 개입하지 않았는지 자문해야 합니다. 무엇보다 당사자들 양쪽의 목소리에 귀를 기울일 줄 알아야 합니다. 자칫 잘못하면 내가 듣고 싶은 것만 듣게 될 수도 있으니 말입니다.

당사자의 목소리로
이슈를 보다

자, 이번에는 언론에서 어떤 사안을 다루는 '방법'에 대해 고민해볼까요. 똑같은 사안이라도 언론사가 어떻게 다루는지에 따라 얼마나 다른 결과가 나오는지 살펴보겠습니다.

사회적으로 큰 이슈가 발생하면 모든 언론이 앞다투어 보도합니다. 신문, 라디오, 텔레비전 할 것 없이 전부 같은 사건을 이야기하지요. 이때 각 언론이 그 사안에 대해 이야기할 '스피커'로 누구를 부르는지 유심히 살펴보길 바랍니다. 그러면 아주 다양한 방식이 있음을 알 수 있습니다.

첫번째는 이슈를 취재한 기자가 나와서 보도하는 형

태로, 우리가 뉴스에서 가장 많이 볼 수 있는 유형입니다. 두번째는 전문가라 할 수 있는 교수와 인터뷰를 하거나 시사평론가 또는 그에 준하는 패널들이 나와서 사안에 대해 논평하는 방식이 있습니다. 세번째는 사건의 간접 당사자와 접촉하는 것입니다. 예컨대 '피해자'라고 따옴표를 달고 인터뷰하기는 하지만, 사실 피해자 대변인이 피해자들의 이야기를 듣고 전하는 방식의 인터뷰가 이에 해당하지요. 마지막으로 사건의 핵심 당사자에게서 직접 듣는 방법이 있습니다.

자, 그렇다면 취재기자, 교수나 시민단체 활동가 같은 전문가, 평론가, 목격자, 주변인, 그리고 당사자 가운데 누구의 목소리를 듣는 것이 가장 어려울까요? 그리고 대중들은 누구의 목소리를 가장 듣고 싶어할까요? 두말할 필요도 없습니다. 당연히 당사자입니다. 왜 그럴까요? 가장 생생하고 가장 구체적으로 사건을 진술해줄 수 있는 사람이기 때문입니다.

그런 이유로 「뉴스쇼」 제작진은 어떤 사건이 터지면

무조건 당사자부터 찾습니다. 물론 당사자를 찾는 과정은 매우 지난합니다. 마치 서울 바닥에서 주소도 이름도 모른 채 김 서방을 찾는 일? 아마 그 정도가 아닐까 싶네요. 일단 당사자의 연락처조차 모르는 경우가 태반입니다. 타 방송국 사람들과 교류하다보면 꼭 듣는 질문이 있습니다. "「뉴스쇼」 제작진은 사람 찾는 데에 어떤 획기적이고 특별한 노하우를 가지고 있는 게 분명해요. 좀 알려주세요." 하지만 그럴 리가 있겠습니까. 그저 단순하고 무식하게, 무작정 찾아나서는 것입니다. 그렇게 막연히 하나둘 단서를 모으다보면 어느새 당사자 근처까지 도달할 수 있습니다. 물론 그렇게 열심히 찾아도 끝내 당사자에 이르지 못하는 경우도 있고, 또 찾아냈지만 끝내 인터뷰를 거절하는 경우도 꽤 많습니다. 하지만 그러한 애로에도 불구하고 저희는 무조건 당사자부터 찾아나섭니다. 왜 그럴까요? 똑같은 뉴스를 전하더라도 누구를 섭외하느냐에 따라 내용에는 천지 차이가 생기기 때문입니다.

예를 하나 들어보겠습니다. 한창 '김영란법'(부정청

탁 및 금품등 수수의 금지에 관한 법률)이 통과되느냐 마느냐를 두고 논란이 일었을 때 저희는 이 법을 만든 당사자인 김영란 전 대법관을 섭외하고 싶었습니다. 그러고 싶어한 프로그램이 어디 「뉴스쇼」뿐이었겠습니까. 모든 언론이 김 전 대법관 섭외를 위해 전화를 돌렸겠지요. 그런데 김 전 대법관은 그 어떤 매체에도 나오지 않았습니다.

이 경우는 당사자가 유명인이라 연락처를 찾기가 어렵지 않았습니다. 연락을 하면 항상 통화까지는 되었습니다. 한번도 안 받은 적이 없었지요. 하지만 대답은 늘 똑같았습니다. "제가 인터뷰를 하면 논란을 일으킬 것 같아 못하겠습니다." 당시 이분의 한마디는 굉장히 중요했습니다. 법안 통과 여부를 두고 갑론을박이 한창일 때 저희는 이 법의 성격과 필요성을 법을 제안한 당사자에게서 직접 듣고 명확히 밝히고자 했지요.

결과적으로 「뉴스쇼」는 김영란 전 대법관의 섭외에 성공했습니다. 모든 언론을 통틀어 첫번째 인터뷰를 성사시킨 것이지요. 특별한 비결이 뭐였냐고요? 그런 비결은

'김영란법' 통과 여부를 두고 갑론을박이 한창일 때
법의 성격과 필요성을 당사자에게서 직접 듣고 명확히 밝히고자 했습니다.

없었습니다. 그저 저희 막내 피디가 3개월 동안 김 전 대법관에게 아침저녁으로 문안 인사를 드렸습니다. '안녕히 주무셨어요?' '안녕히 주무세요!' 이 인사를 정말 3개월 동안 전화로 했습니다. 지성이면 감천이라고 3개월째가 되자 김 전 대법관이 「뉴스쇼」에 나가겠다고 했지요. 그것도 저희 막내 피디에게 직접 전화를 걸어 "할 말이 생겼는데 마이크를 좀 줄 수 있느냐"고 물었습니다. 3개월 동안 꾸준히 연락을 하니 어느새 신뢰가 쌓인 것이지요. 인터뷰를 하겠다고 결심한 이상 이왕이면 신뢰할 수 있는 사람을 찾지 않겠습니까? 그렇게 3개월 만에 당사자의 목소리가 전파를 탈 수 있었습니다.

여러분이 상상도 하지 못할 당사자를 섭외한 적도 있습니다. 바로 이슬람 무장세력인 탈레반의 대변인 카리 유수프 아마디입니다. 2008년에 「뉴스쇼」가 론칭하자마자 시도했던 인터뷰였습니다. '의욕 과잉'이 매우 심각할 때였지요. (웃음)

2008년 당시 아프가니스탄에 우리 경찰력을 파견하

느냐 마느냐가 큰 이슈가 되었습니다. 아프가니스탄의 무장단체 탈레반은 한국 정부가 경찰력을 파견하면 수도 카불에 있는 한국 민간인 시설을 공격하겠다고 경고했지요. 이 문제를 두고 교민들에게 테러 위협이 있으니 경찰력을 파견하지 말자며 반대하는 주장과 치안 유지 병력이기 때문에 파견해도 무방하며 전세계와 공조하기 위해서라도 파견이 필요하다고 찬성하는 주장이 팽팽히 대립했습니다. 저희는 실제 탈레반의 입장이 무엇인지 궁금해졌습니다. 탈레반이 정말 한국 교민들을 파악하고 있을까요? 탈레반이 보낸 경고는 사실일까요?

여러분, 혹시 탈레반 홈페이지가 존재한다는 사실을 알고 있습니까? 당시 탈레반에는 홈페이지가 있었습니다. 홈페이지에 접속해보니 화면 왼쪽에 대변인 카리 유수프 아마디의 이메일 주소가 있더군요. 저희는 탈레반 홈페이지에 명시된 주소로 인터뷰를 요청하는 메일을 보냈습니다. 보내고 나서 까맣게 잊고 있었지요. 메일을 보낸 지 한 달쯤 뒤에 아마디가 답장을 보내왔습니다. 자신이 탈레반

대변인 아마디라고 밝히며 특정 날짜에 전화를 달라고 써서 보냈지요. 당연히 난리가 났습니다. 아마디가 연락을 하다니!

문제는 아프가니스탄 내에 다양한 부족이 있는데, 부족마다 사용하는 언어가 다 다르다는 것이었습니다. 수소문을 해보니 국내에서 탈레반의 언어를 구사할 수 있는 사람은 한명밖에 없었습니다. 아마디가 정한 날짜와 시간에 맞춰 통역가를 스튜디오에 불러야 했지요. 한명뿐인 통역가를 눈물겹게 수소문해서 스튜디오에 앉혔고, 결국 인터뷰는 성공했습니다. 이 인터뷰는 반향이 대단했습니다. 탈레반 대변인이 나왔다는 사실 자체로도 엄청난 일이었지요. 그런데 인터뷰가 방송된 바로 다음날 국정원에서 전화가 왔습니다. 압박이나 협박은 아니었고, 이런 인터뷰는 국익에 도움이 되지 않으니 하지 말아달라고 부탁했지요. 받아들였습니다. 굉장히 의욕이 넘쳤을 때의 일화입니다.

제가 이야기하고 싶은 요지는 김영란 전 대법관이든

탈레반 대변인이든, 그들은 사람들이 가장 목소리를 듣고 싶어하는 당사자들이었다는 사실입니다. 많은 전문가와 평론가들이 해당 문제에 목소리를 냈지만 가려운 곳을 시원하게 긁어주지는 못했습니다. 그러나 당사자는 빙빙 돌려 말하지 않습니다. 가장 생생한 이야기를, 가장 구체적인 언어로, 가장 직접적으로 답하지요. 이것이 바로 지금 이 순간에도 「뉴스쇼」 제작진이 서울 바닥에서 김 서방을 찾는 자세로 당사자들을 찾고 있는 이유입니다.

당사자를 불러내는 데까지 성공했다면, 어떻게 질문할 것인가? 이것이 그다음 숙제입니다. 저의 인터뷰 신조는 단순합니다. 빙빙 돌려서 얘기하지 말자! 청취자들은 코가 간지러워 코를 긁고 싶은데 코 옆의 볼을 긁지는 말자!

많은 시사 프로그램 진행자들이 자주 범하는 오류가 있습니다. 바로 어떤 사안이나 문제에 대해 직접적으로 인터뷰이에게 물어보지 않는다는 것입니다. 어렵게 섭외한 인터뷰이일수록 더 그렇게 조심스럽게 접근합니다. 신기하지요. 어렵게 섭외한 사람이면 더 직접적으로 날카롭게 질문해야 할 텐데 오히려 왜 더 진행자들이 작아질까요? 왜 그럴까요?

복잡한 이유는 아닙니다. 어렵게 섭외한 인터뷰이일수록 눈치를 보게 되기 때문이지요. 대체로 유명하고 강한 권력을 가진 이들일수록 섭외가 어렵습니다. 그리고 그런 인물들 앞에 서면 그들이 불편해할지 모르는 질문은 본능적으로 알아서 피하게 됩니다. '이번 인터뷰에서 감정을 상하게 했다가 다시는 나오지 않는다고 하면 어떡하지?' 하고, 쉽게 말해 눈치를 보느라 핵심을 비껴가곤 합니다. 코가 간지러운데 볼을 긁는 상황이 펼쳐지는 것이지요. 인터뷰이의 답이 나오면 그에 대해 좀더 파고드는 질문이 필요한데, 그러지 않고 다른 질문으로 넘어가는 병렬식 인터뷰가 너무나 많은 이유입니다.

저와 「뉴스쇼」 제작진은 욕을 먹을지언정 끝까지 질문하자고 결심했습니다. 저는 겁이 없었던 것 같습니다. 서른살 '뉴알못'이었던 저는 사람들이 궁금해하는 것을

저의 인터뷰 신조는 단순합니다.
청취자들은 코가 간지러운데 코 옆의 볼을 긁지는 말자!

직접 물어보자고 마음먹고 앵커 생활을 시작했습니다. 사람들이 듣고 싶어하는 뉴스의 주인공을 찾아 그들에게 마이크를 주고 사람들이 가장 궁금해하는 것을 직접적으로 묻자, 이렇게 결심했지요.

처음에는 요령이 없어서 욕도 많이 먹었습니다. 제 질문에 끝내 답을 하지 않는 정치인도 있었지요. 지금 생각해보니 두번쯤 물어보고도 답이 없으면 그냥 넘어가는 유연함이 필요했는데 당시의 저는 무조건, 답이 나올 때까지, 계속해서 질문을 되풀이했습니다. 열번쯤 되묻자 이분이 전화를 탁 끊더군요. 그후로 그 정치인과는 연이 끊겼습니다. (웃음) 하지만 후회하지는 않습니다. 자신에게 불리하다고 국민들이 궁금해하는 질문에 답하지 않은 그 정치인이 더 문제인 것이지 끝까지 질문한 제가 문제는 아니겠지요.

그 당시에는 어리고 경험도 없었던지라 비난을 받거나 욕을 듣고 나면 밤에 잠이 오지 않았습니다. 내가 너무했나 싶었지요. 지금은 내공이 쌓여서 잠을 설치는 일 따

위는 없습니다. 그리고 여전히 코를 긁고 싶은데 볼을 긁
지는 말자는 생각으로 뉴스를 진행합니다. 쉬운 일은 아
니지만 분명 그만한 가치가 있기 때문입니다.

말 한마디가
주는 울림

당사자와 인터뷰하는 것이 중요한 이유에 대해 앞서 설명했습니다. 그에 덧붙여서 빠뜨릴 수 없는 중요한 이유를 하나 더 이야기하겠습니다. 바로 당사자의 목소리에는 '울림'이 있다는 사실입니다.

그 대표적인 사례가 유가족 인터뷰입니다. 「뉴스쇼」에도 종종 유가족이 출연하는데, 너무 선정적인 게 아니냐고 의문을 제기하는 분들도 있습니다. 물론 어떤 매체에서는 부러 자극적이고 선정적인 유가족 인터뷰를 진행하지 않나 싶은 경우도 있습니다. 하지만 이런 오해에도 불구하고 저희가 유가족을 만나서 목소리를 듣는 데에는 분명한 이유가 존재합니다.

유가족은 누구보다 그 사안에 대해 정확히 알고 있으며, 내면에 가장 격렬한 울분을 품고 있기 때문이지요. 대부분의 유가족은 담당 경찰보다도 그 사건을 깊이 있게 파악하고 있습니다. 그도 그럴 것이 내 가족이 억울한 죽음, 뜻밖의 죽음을 당했다면 그 과정과 원인을 알아내려 백방으로 뛰지 않겠습니까? 그러니 그분들은 가장 많은 정보를 가지고 있을 수밖에 없습니다.

게다가 유가족의 말 한마디 한마디에는 진정성이 담겨 있습니다. 어떤 이에게서도 들을 수 없는 진정성이 있지요. 사람들을 움직이는 힘이 여기서 나옵니다. 뉴스가 세상을 움직이려면 때로는 가슴을 울리고 마음을 두드리는 무언가가 필요하기도 합니다.

저희가 다루었던 고(故) 노우빈 훈련병의 사망 사건이 기억납니다. 유가족이 사람들 마음에 묵직한 울림을 주었던 대표적인 예로, 2011년 4월의 일입니다. 신체검사에서 1급을 받고 논산훈련소에 입대한 건강한 청년 노우빈. 노훈련병은 훈련소에 들어간 지 한달쯤 됐을 때부터 극심한

뉴스가 세상을 움직이려면 때로는
가슴을 울리고 마음을 두드리는 무언가가 필요합니다.

두통을 호소했다고 합니다. 훈련을 다 마치고 저녁 늦게 의무실을 찾아갔지만 그 시간이면 군의관은 이미 퇴근한 후였고, 의무병이 진통제를 주었답니다. 머리가 아프다고 아무리 말해봤자 꾀병 소리나 듣기 일쑤였는데, 결국 노 훈련병은 몸이 좋지 않은 상태에서 야간행군까지 참여했습니다. 당연히 행군 중에 뒤처졌지만 훈련소에서는 별다른 조치를 취하지 않았습니다.

야간행군을 마치고 돌아온 새벽 3시 반경, 노 훈련병은 다시 두통과 호흡 곤란을 호소하며 의무실을 찾았지만 이번에도 의무병이 진통제를 준 것이 전부였습니다. 나중에 알고 보니 노 훈련병의 병명은 급성 뇌막염이었습니다. 결국 노우빈 훈련병은 의식을 잃은 뒤에야 종합병원으로 실려갔습니다. 연락을 받은 부모님이 병원으로 달려갔지만 이미 손을 쓰기에는 너무 늦은 때였지요. 군 의료시스템의 부재, 허술한 관리체계 등이 얽힌 비극적인 일이었습니다. 이런 뉴스는 너무도 자주 벌어집니다. 사실 특이한 뉴스도 아니지요.

이런 사건을 다룰 때 관련 시민단체나 교수들과 접촉하면 섭외하기 쉽습니다. 그런데 이런 생각이 들더군요. '지금까지 계속 그렇게 접근해왔던 것 아닌가? 하지만 뭐가 달라졌나? 누구의 가슴도 울리지 못한다면 아무 변화도 일어나지 않을 것이다.' 긴 회의를 했습니다. 결국 노훈련병의 부모님을 설득해보기로 결론을 내렸지요. 대중의 '머리'가 아닌 '가슴'을 한번 움직여보자는 뜻이었습니다.

유족에게 전화를 드렸습니다. 당장 욕부터 날아왔습니다. "당신들하고 인터뷰하면 우리 아들이 살아 돌아옵니까? 지금 우리 아들 죽은 지 며칠이나 됐다고!" 욕을 하고 전화를 끊으시더군요. 그럴 줄 알았습니다. 다시 전화를 걸어 설득했습니다. "아버님 심정 이해합니다. 지금 나오지 않으셔도 좋습니다. 그런데 아버님, 하고 싶은 말씀이 생기면 그때는 꼭 나와주세요. 기다리겠습니다." 저희는 유가족에게 반드시 하고 싶은 말이 있으리라고 확신했습니다. 왜 그렇지 않겠습니까. 아들이 그토록 허망하게 떠났는데… 이튿날도 그다음 날도 전화를 걸었습니다. 일주일쯤 지났을 때 아버님께서 하고 싶은 말이 생겼다고 하시더군요. 그렇게 힘들게 진행된 인터뷰를 잠시 인용해 보겠습니다.

김현정 해열제를 받아서 하룻밤을 지내고 이튿날 오전에 의무실로 다시 갔는데 역시 군의관을 만나지 못했다고요?

노동준(고 노우빈 훈련병의 아버지) 그보다도 해열제를 받고 와서 아이가 취침을 했을 텐데요, 그 시간에 아무런 조치가 되지 않았다는 게 너무 안타깝습니다. 뇌막염은 굉장히 고통이 심한 병이라고 들었습니다. 그러면 굉장히 몸부림치고 고통을 느꼈을 텐데… 제 아내는 "아이가 그렇게 몸부림치고 죽어가는 동안에 누가 손 한번 잡아주지 않았을 거고, 물 한모금 안 떠다 줬을 거고, 이마에 손 한번 안 짚어줬을 거다" 그런 이야기를 하면서 굉장히 울었습니다.

(…)

김현정 외부 종합병원으로 실려갈 때는 이미 의식도 잃고 쇼크가 온, 이런 상황에서 실려나간 거군요.

노동준 그렇습니다. 그때 이미 아이는 죽은 거나 마찬가지인 상황이었습니다. 가보니까 이미 의식이 없었고요. 눈에서부터 핏물이 막 나오고요. 인공호흡기를 달아놨는데 그래도 숨도 제대로 못 쉬는… 혈압이 낮아서 계속 혈압상승제, 그런 것을 투여하고요. 그때는 벌써 돌이킬 수 없는 상태가 된 것 같습니다.

김현정 피눈물 흘리는 그때 그 모습은 훈련소로 보내고 한달 만에 처음 보는…

노동준 그렇습니다. 그것이 저희 아이의 마지막 모습이었습니다. 의식이 없는 순간에도 딱 한번 손을 잡고 막 흔드니까 우리 손을 두번 꽉꽉 잡으면서 신호를 보내더라고요. 그 순간만은 뇌의 일부 기능이 살아나서 저희 말을 듣는 것 같더라고요. 그러면서 입으로 뭔가 말을 하려고 그러는데 거품만 인공호흡기로 나오고… 정말 너무 가슴이 아픕니다. 그 장면을 생각하면 앞으로 저희가 어떻게 살아갈까, 정말 걱정이 됩니다.

김현정 아… 가슴이 너무 아프네요. 아들 우빈이가 지금 듣고 있을지 모르겠습니다…

노동준 미안하다는 말밖에는 할 말이 없네요. 우빈아, 미안하다. 좋은 곳에서 잘 있기를 바란다.

김현정 이런 인터뷰에 응한다는 것 자체가 고통일 텐데 진실을 밝히고 다시는 이런 희생자가 없어야 된다는 생각으로 오늘 어렵게 응해주셨습니다.

인터뷰는 너무 슬펐습니다. 스튜디오 밖에 있는 스태프들도 남녀노소 가릴 것 없이 모두 눈물 바람이었지요. 저 역시 눈물이 흐르는 걸 어찌할 도리가 없었지만 팔뚝을 꼬집어가며 눈물을 삼키고 인터뷰를 진행했습니다. 나중에 보니 팔뚝에 시퍼렇게 멍이 들어 있더군요. 청취자들의 반응도 마찬가지였습니다. '출근길에 차를 세워놓고 울었다'는 문자가 많이 왔던 게 아직도 생생합니다. 이날 방송 직후 인터뷰 전문이 포털 사이트에 실렸고 반향은 상당했습니다. 타 언론사에서 관련 기사를 줄줄이 쏟아내기 시작했지요. 여론이 술렁이는 게 눈에 보였습니다.

인터뷰 바로 다음날 군에서 기자회견을 열었습니다. 군 의료체계를 전면 재검토한다는 내용이었지요. 바로 이것이었습니다! 저희가 그토록 원하던 세상이 바뀌는 모습. 아무리 머리로 이해하도록 보도한들 꿈쩍 않던 세상이 가슴을 울리자 변한 것입니다.

노우빈 훈련병의 아버지는 군 발표를 보자마자 저희 제작진에게 전화를 걸었습니다. "저를 끝까지 설득해줘서 너무 고마워요. 우리 우빈이가 이제야 편히 눈을 감겠네요."

사건 후 노 훈련병의 어머니 공복순씨는 군피해치유센터 '함께'를 설립했습니다. 군대 내에서 발생한 사건의 해결을 돕고 피해를 입은 당사자와 그 가족의 아픔을 위로하는 활동가가 되었지요. 많은 사람들의 가슴을 울렸던 고인의 부모님이 이제 비슷한 피해를 입은 이들의 눈물을 닦아주고 있는 것입니다. 머리로만 이해했다면 흐지부지 끝났을지도 모를 사건이었지요. 하지만 진정성 있는 인터뷰가 사람들의 가슴을 울리며 큰 반향을 일으켰고 그후에도 계속 다른 이들에게 영향을 미치고 세상을 조금씩 바꿔나가는 계기가 된 셈입니다.

진실한 뉴스를
위한 노력

이렇게 질문하는 분들도 계십니다. '너희는 얼마나 진실하게 뉴스를 만들고 있느냐?' 물론 제가 전달하는 뉴스들이 한치의 오류도 없이 100퍼센트 진실뿐이라고 단언하지는 못하겠습니다. 아무리 노력해도 어쩔 수 없는 경우는 있게 마련이기 때문입니다.

하지만 진실한 뉴스를 전하고 대중이 궁금해하는 점을 밝히기 위해 최선을 다하고 있다는 사실은 자신 있게 말해도 괜찮을 듯합니다. 저희는 좋은 언론, 진실한 언론이 되기 위해 노력하고 있습니다. 저는 「뉴스쇼」를 통해 건강하고 보편적인 시각을 제공하고자 합니다. 찬반 인터뷰를 진행한 날에는 왜 중립인 척하느냐며 너희 의견을 말하라고 닦달하는 청취자가 있기도 합니다. 하지만 시사 프로그램은 모든 청취자를 위해 다양한 시각을 담아야 한다고 생각하기 때문에 진행자인 제가 어느 한쪽으로 치우치지 않으려고 노력합니다. 당장 옳다고 생각하는 일도 시간이 지나고 보면 틀렸을 수 있습니다. 100퍼센트 확실한 선과 악은 없지요.

특히 진행자는 신이 아닙니다. 제 생각을 강하게 밀어붙이는 것은 소신이 아니라고 생각합니다. 라디오든 텔레비전이든 시사 프로그램은 다양한 의견을 담아야 하고, 그것을 바탕으로 청취자에게 판단할 수 있는 길을 열어줘야 합니다. 저는 여러분께 제가 가진 선입견이나 편견이 포함되지 않은 뉴스를 가능하면 '날것' 그대로 보여드리려고 합니다. 대중이 직접 판단할 수 있도록 프레임의 구석구석을 다 조명하고 근거를 제공하려다보니 특정 이슈에 대한 찬반 인터뷰로 구성될 때가 많을 뿐이지요.

「뉴스쇼」는 '뉴스를 만드는 뉴스 프로그램'으로 통합니다. 이는 인터뷰를 통해 새로운 뉴스를 만들어낸다는

시사 프로그램은 다양한 의견을 담아서
청취자에게 판단할 수 있는 길을 열어줘야 합니다.

뜻입니다. 단순히 사건을 전달하는 데서 나아가 사회에 큰 영향력을 끼칠 때도 많습니다. 제가 진행한 인터뷰는 곧바로 다른 언론사에서 뉴스로 재구성됩니다. 보통 시사 프로그램은 평론가나 기자, 교수 같은 패널로 채워지는 경우가 많은데, 이런 방식으로는 새로운 뉴스를 만들어내기 어렵습니다. 「뉴스쇼」에는 사건 당사자가 출연하고, 제작진이 당사자의 말에 공감해주기에 뉴스가 만들어지는 것입니다.

강연을 시작하며 오늘 새벽 4시 반에 일어났다고 말씀드렸습니다. 하루에 고작 10분짜리 인터뷰 3개를 하는데 왜 새벽 4시에 일어나서 밤늦게까지 돌아다니느냐는 질문을 받곤 하는데, 좋은 인터뷰를 위해 하루 종일 뛰어다니기 때문에 그렇습니다. 어떤 때는 인터뷰이의 사정상 늦은 저녁밤에 시간이 안 되어 저녁 무렵 인터뷰를 갔다가 밤을 새우기도 합니다. 막상 만나면 하고 싶은 말이 많아서 좀더, 좀더, 하면서 욕심을 내다가 밤샘을 하는 경우가 생기는 것이지요. 이렇게 고단한 생활을 해낼 수 있는 이유는 좋은 보도가 세상을 조금씩 바꿀 수 있다고 믿기 때문입니다.

찬반 양측의 의견에 골고루 귀 기울이며 건강한 시각을 전달하고, 청취자가 듣고 싶어하는 목소리를 찾아내어 마이크를 건네는 일을 10년 정도 했습니다. 저는 인터뷰이에 공감하고, 최대한 말하기 편한 환경을 만들어 인터뷰를 진행합니다. 똑같은 인터뷰이를 두고도 「뉴스쇼」 인터뷰가 더 큰 반향을 이끌어내는 것은 저희가 누구의 말에도 깊이 공감하기 때문이지요.

또 저희의 마이크는 꼭 필요한 곳을 찾아갑니다. 우리 사회에는 많은 이들이 자신의 이야기에 공감해주길 원하지만 마이크가 닿지 않는 곳이 많습니다. 권력자나 유명인이야 그들이 부르지 않아도 대기하는 마이크가 수백개씩 있지만 약자, 소외된 사람, 숨겨진 진실에는 단 하나의 마이크도 찾기가 어렵습니다. 저는 이런 곳에 「뉴스쇼」의 마이크를 드리려고 노력해왔습니다. 그러다보니 조금씩이지만 세상이 변화하는 것을 직접 보고 느낄 수 있게 되었

우리 사회에는 자신의 이야기에 공감해주길 원하지만
마이크가 닿지 않는 곳이 많습니다.

습니다. 이런 보람으로 오늘도 새벽 4시… 또 눈을 뜹니다.

자, 여기까지 듣고 나면 지금까지 자신이 뉴스를 받아들여온 방법을 돌아보지 않았을까 싶습니다. 머릿속이 예전보다 더 복잡해지지 않았을까 싶기도 합니다. '프레임에 갇혀서도 안 되고, 사실 뒤에 숨은 진실을 꿰뚫을 줄도 알아야 한다는 건데, 그게 어디 말처럼 쉬운가? 사실 속에 숨은 진실을 찾아내기 위해 직접 취재라도 다녀야 한다는 말인가?' 현실적으로 그럴 수는 없습니다.

당장 선택할 수 있는 현실적인 방법을 제안해보겠습니다. 우선 좋은 언론부터 열심히 찾아보길 바랍니다. 조금이라도 더 진실을 찾기 위해 노력하는 언론, 당사자들의 목소리에 귀 기울이는 저널리스트, 선입견을 배제하고 균형 잡힌 보도를 하는 프로그램들이 분명히 있습니다. 물론 흠 없이 완벽한 언론이란 없겠지만 적어도 노력하는 언론을 찾을 수는 있습니다. 그런 언론의 눈을 빌려 세상을 보면 다른 편향된 매체를 통해서 볼 때보다 좀더 안전할 것입니다.

한 사건을 놓고 각 언론들이 어떻게 접근해 보도하는지 비교해보면 좋겠습니다. 조금이라도 더 진실을 추구하는 언론이 보일 것입니다. 우선은 그들의 시선으로 사건을 바라보는 것부터 시작하길 바랍니다. 그것이 곧 뉴스를 보는 훈련으로 이어질 것입니다.

여러분, 뉴스 프레임 밖으로 탈출해야 합니다. 뉴스를 의심하고 비교하며 날것 그대로 보는 훈련을 해야 합니다. 여러분이 사건의 전모를 정확히 파악하지 못하는 것은 어쩌면 너무 멀리서 건성으로 보고 들었기 때문인지도 모릅니다. 단순한 '사실'이 아닌 '진실'에 더 다가서려는 노력, 프레임 밖에는 뭐가 있을까 의심해보는 수고가 필요합니다.

마지막으로 다시 한번 꼭 부탁드리고 싶은 것이 있습니다. 많은 기자와 언론이 힘 있는 자들에겐 벌떼처럼 몰려갑니다. 미디어가 많아지면 많아질수록 권력자들에게는 너무 많은 마이크가 집중되고 있습니다. 그런데 소외된 사람들, 약한 사람들에게는 그런 기회가 좀처럼 주어

뉴스 프레임 밖으로 탈출해야 합니다.
프레임 밖에는 뭐가 있을까 질문해보는 수고가 필요합니다.

지지 않습니다. 정말 전해야 하는 말이 있어 마이크 하나, 펜 하나가 너무도 절실한 사람들이 존재합니다. 우리 사회 구성원 모두가 이런 분들에게도 꼭 관심을 기울여주었으면 좋겠습니다. 혹여 여기 계신 분들 가운데 언론 종사자가 되려는 분이 있다면 여러분의 마이크와 펜이 향해야 할 곳을 꼭 기억해주십시오. 뉴스는 힘이 셉니다. 그 센 힘이 우리 사회에서 선한 영향력을 발휘하기를!

묻고
답하기

맞습니다. 라디오는 '올드미디어'이지요. 제가 초등
학생 시절부터 꿈이 라디오 피디였다고 말했는데, 놀랍게
도 이미 1980년대부터 라디오는 곧 사라질 사양산업이라
고들 했습니다. 그런데 지금도 라디오는 사라지지 않았지
요. 그뿐 아니라 라디오는 앞으로 무궁무진하게 발전할
가능성이 있다고 자신 있게 말할 수 있습니다. 이렇게 단
언할 수 있는 이유는 오늘날의 라디오가 뉴미디어와 결합
해 새로운 국면으로 발전하고 있기 때문입니다.

제가 생방송을 진행하는 부스 안에는 총 6개의 모니
터가 있습니다. 부스 밖에서 상황을 알려주는 모니터, 음
성파일 준비 상황을 알려주는 모니터, 인터넷 검색용 모

니터, 텔레비전 시청용 모니터 등이 있는데, 그중 가장 중요한 건 바로 청취자들의 실시간 의견을 보여주는 모니터입니다.

요즘은 청취자들이 여러 경로를 통해 실시간으로 메시지를 보낼 수 있습니다. 휴대전화 문자메시지는 기본이고, 카카오톡의 플러스친구로 보내는 메시지, CBS의 라디오 앱으로 청취하는 분들의 실시간 의견이 들어옵니다. 게다가 최근에는 유튜브로 보이는 라디오까지 하는데 그쪽에서도 실시간 반응이 수천개씩 쏟아지지요. 각각의 경로로 들어오는 청취자들의 실시간 의견은 제 모니터 한대로 모입니다. 그 의견을 보면서 방송에서 소개하기도 하고, 인터뷰이에게 질문도 합니다. 지적하는 의견이 들어오면 즉시 반영해서 방송 내용을 수정하기도 하지요. 예전에 청취자들이 엽서를 보내던 시절의 라디오라면 상상도할 수 없는 일입니다. 뉴미디어와 라디오가 결합하여 만들어낸 결과물입니다.

또 저희가 내보낸 라디오 방송은 라디오에서 그치

지 않습니다. 인터뷰 내용을 전부 글로 풀어서 포털 사이트로 즉시 송고합니다. 포털 사이트 메인 화면에 소개된 인터뷰 내용은 이른바 '퍼가기'나 '공유'를 통해 개인의 SNS를 타고 또다시 퍼져나가지요. 2차, 3차 가공되어 소위 '원 소스 멀티유즈'(one source multi-use)가 실현되는 것입니다. 이 역시 올드미디어가 적극적으로 뉴미디어와 결합한 사례입니다.

사소한 예를 들자면, 청취자 선물의 제공 방법도 크게 바뀌었습니다. 예전에는 라디오 프로그램에서 청취자들에게 선물을 보내려면 당첨자 명단을 모아서 해당 상품 회사에 보내고, 그 회사에서 상품을 추려서 청취자들의 집에 택배로 보내는 과정을 거쳐야 했습니다. 그 복잡한 과정을 다 거치려면 청취자는 한달 뒤에나 선물을 받을 수 있었지요. 하지만 요즘에는 1초 만에 커피 쿠폰이 청취자에게 도착합니다. 신기한 건 청취자들은 한달 뒤 도착하는 20만원짜리 청소기 선물보다 1초 만에 받을 수 있는 4000원짜리 커피 쿠폰에 더 즐거워한다는 사실입니다. 어쟀든 이런 방식으로 올드미디어는 새로운 기술과 공존하고 있습니다.

저는 절대 라디오가 사라지지 않을 것이라고 확신합니다. 특히 요즘은 '혼밥' '혼술'처럼 혼자 하는 것을 즐기는 문화가 퍼지고 있지요. 사람들은 누군가와 맞대면하며 부딪치는 것을 극도로 피곤해합니다. 심지어는 바로 옆에 있는 사람과도 스마트폰 메신저로 이야기하는 시대이지 않습니까? 이런 경향이 과연 바람직한가는 별개로 두고, 지금의 추세가 그런 것만은 분명합니다. 이러한 현대인에게 '딱' 맞는 매체가 바로 라디오입니다.

아무리 혼자 있는 게 편해도 외로움까지 사라지지는 않는 법입니다. 현대인은 누군가와 대면하며 접촉하고 싶지는 않은 동시에 누군가와 함께하고 있음을 느끼고 싶어하는, 어쩌면 다소 이중적인 면을 지니고 있습니다. 이러한 외로운 이들에게 라디오는 피곤하지 않은 속 편한 친구가 될 수 있지요.

한번 상상해보지요. 새벽 1시에 홀로 쓸쓸하게 1번 국도를 달립니다. 외롭습니다. 무섭습니다. 그때 라디오를 틉니다. 디제이가 나와 대화를 나누어줍니다. 내가 신청한 노래를 틀어주고, 내가 보낸 메시지를 직접 읽으면서 공감해주고, 운이 좋으면 커피 쿠폰까지 보내주지요. 혼밥과 혼술을 즐기는 현대인과 라디오는 너무 잘 어울리지 않습니까?

각 방송사도 이런 경향을 너무나 잘 알고 있기 때문에 올드미디어와 뉴미디어가 결합할 방안을 계속해서 고민 중입니다. 올드미디어인 라디오가 앞으로도 살아남을 것이라고, 외려 더욱 발전할 것이라고 확신하는 이유입니다.

「뉴스쇼」를 들으면 다른 뉴스보다
잘 와닿고 쉽게 소화되는 듯합니다.
그 이유가 무엇일지 궁금합니다.

일단 감사하다는 말씀드립니다. 복합적인 이유가 있
겠지만 우선은 제 인터뷰 스타일이 '어렵게 돌아가지 말
자'는 주의인 덕도 있을 것 같습니다. 청취자들이 가장 궁
금해하는 것을, 가장 직접적으로 묻되, 가장 쉬운 언어로
질문한다. 따라서 「뉴스쇼」의 인터뷰가 다른 뉴스에 비해
친절하고 명쾌한 것 같습니다.

또 시스템과 관련한 이유도 있습니다. 「뉴스쇼」는 편
성국과 보도국이 함께 만드는 프로그램입니다. 사실 방송
국 시스템을 고려하면 두 부서가 함께 하나의 방송을 만
드는 일이 쉽지 않습니다. 저희가 처음 시작할 때만 해도
다들 그런 위태로운 구조가 얼마나 지속될 수 있겠느냐고

우려했지요. 하지만 놀랍게도 지금까지 10년째 그 전통을 이어가고 있습니다.

　기자와 피디는 분명히 다릅니다. 기자들은 항상 감정을 배제하고 객관적인 사실만 전달하도록 훈련하고, 피디들은 사람들의 마음을 움직이는 감성 연출을 하도록 훈련하기 때문입니다. 그런 두 직군이 만나서 긍정적인 시너지를 낸 사례가 「뉴스쇼」라고 생각합니다. 이성과 감성이 적절히 조화를 이루는 덕에 다른 뉴스와 차별된 와닿는 뉴스를 만들어내는 것 같습니다.

언론사도 기업이다보니 때로는 자본의 눈치를 보거나
잘 팔리는 뉴스만 다루기도 하는 듯합니다. 언론이
자본으로부터 독립하기 위해서는 어떤 노력이 필요할까요.

자본으로부터 자유롭지 않은 언론이라⋯ 아픈 지적
입니다. 실제로 최근 언론에 가장 무서운 권력은 바로 자
본권력, 재벌, 돈줄 같습니다. 왜냐고요? 일단 뉴스를 제공
하는 미디어가 너무 많아졌습니다. 포털 사이트에서 뉴스
를 검색해보면 처음 들어보는 매체도 수없이 많지요. 뉴
스 수요에 비해서 공급이 폭발적으로 늘어나니 경쟁도 치
열해질 수밖에 없습니다.

결국 광고 시장은 가히 전쟁터가 되었지요. 그럴수록
미디어는 자본권력의 눈치를 보게 되었습니다. 괜히 밉보
였다가 광고가 끊기면 미디어의 존속 자체가 위태로워지
기 때문이지요. 그 때문에 요즘 기자들은 '기레기' 소리를

듣기 일쑤입니다. 눈치 보는 언론인, 왜곡된 기사를 보면 기레기 소리를 들어도 할 말이 없는데, 문제는 그렇지 않은 언론인과 기사들까지 싸잡아 기레기 소리를 들어야 할 정도로 언론에 대한 신뢰가 무너져버렸다는 점입니다.

애초에 단추를 잘못 끼웠습니다. '굶어 죽을지언정 그럴 수 없다!'라고 단호하게 자본권력의 유혹을 거절했으면 이런 일이 없었을 텐데, 유혹하는 쪽이 있었고 유혹당하는 쪽도 있었습니다. 언론과 권력이 시민들에게 신뢰를 주지 못했기 때문에 위기가 닥치는 것도 당연합니다. 그렇다면 미디어가 어떡해야 할까요? 어떻게 해야 무너진 신뢰를 회복할 수 있을까요?

한번 깨진 신뢰를 회복하려면 오래 걸릴 것입니다. 저를 포함한 기성 언론인의 변화도 중요하지만, 더불어 이 분야에 갓 발을 디딘 분들과 앞으로 들어올 분들에게도 부탁하고 싶습니다. 초심을 잃지 말아달라는 말입니다. 시작할 때는 모두 공정한 언론인이 되겠다고 다짐하지요. 다만 이것이 돈 앞에, 권력 앞에 무너지는 게 문제입니다.

초심, 첫 결심을 잃지 않으면 언론도 바뀔 것이라고 믿습니다.

새로운 사람들이 들어와 이 판을 바꿔간다면 언론은 위기를 극복할 수 있을 것입니다. 너무 교과서 같은 이야기고, 당연한 조언이지만 이걸 지키지 않아 지금 같은 지경이 되었습니다. 언론계의 세대교체라고 할까요, 새로운 세대가 새로운 바람을 불어넣어주길 바랍니다.

Q

뉴스를 보다보면 가끔 굳이 저런 일까지 보도해야 하나
의문이 들기도 합니다. 언론사 내부에 뉴스를
선정하는 기준이 무엇인지 궁금합니다.

어떤 뉴스는 보도하고, 어떤 뉴스는 보도하지 말아야
한다는 분명한 기준이 정해져 있지는 않습니다. 아마 개
별 프로그램마다 자체적인 기준이 있긴 있겠지요. 저희
「뉴스쇼」의 경우는 늘 회의를 합니다.

제작진이 모두 10명인데, 피디 5명, 기자 1명, 작가 2명,
앵커 겸 피디 1명으로 구성되어 있습니다. 타 방송국 라디
오 시사 프로그램의 제작진은 보통 3~5명이니, 「뉴스쇼」
제작진은 그에 비교할 수 없을 만큼 많은 셈입니다. 그런
데 그렇게 인원이 많은 덕에 다양성이 확보됩니다. 남자
와 여자, 피디와 기자와 작가, 그리고 20대부터 50대까지
고루 섞여 있고, 세세하게 따지면 출신지도 도시와 농촌

등으로 제각각입니다. 이처럼 다양한 사람들이 모여서 하루 종일 의견을 나눕니다.

　50대 남성 피디가 낸 의견에 대해 20대 여성 작가가 반론을 제기하기도 하고. 40대 여성 기자가 낸 의견에 대해 30대 남성 피디가 의문을 품기도 합니다. 이처럼 활발하게 의견을 교환하면서 방송에서 다뤄야 하는 뉴스와 다뤄서는 안 되는 뉴스를 자연스럽게 가려냅니다.

　구체적인 사례를 들어달라고요? 예를 들어 저희는 혐오 커뮤니티와 관련된 뉴스는 가급적이면 다루지 않는 것을 원칙으로 삼고 있습니다. 유명한 혐오 커뮤니티 게시판에서 시작되어 대중 사이에서 화제가 되고 있는 어떤 소재가 있다고 가정하지요. 아마 뉴스로 보도하면 큰 관심거리는 될 것입니다. 쉽게 말해 포털 사이트에서 '클릭 장사'는 되겠지요.

　하지만 이런 혐오 커뮤니티를 뉴스에서 다루는 것 자체가 그들의 영향력을 키워주는 일이 되지 않을까요? 그 커뮤니티로서는 일종의 노이즈 마케팅에 성공한 셈이나

마찬가지일 것입니다. 이런 식으로 저희 내부에서 의견을
교환하며 원칙을 만들고 그에 따라 뉴스를 보도하고 있습
니다.

'번아웃'이라고 하지요? 사실 저도 한번 경험했습니다. 2014년 한국피디대상을 받은 후 전부 내려놓으려고 아예 프로그램을 떠난 적이 있었어요. 돌아보면 당시에 저는 지쳐 있었습니다. 2005년부터 시사 프로그램을 진행했으니 거의 9년 동안 하루 24시간 내내 오로지 뉴스에만 매달렸는데, 그런 생활에 지쳐 있었던 것 같습니다. 그래서 「뉴스쇼」를 떠나겠다고 결심했지요.

더 늦기 전에 제 원래 꿈인 음악 프로그램 연출을 해봐야겠다고 마음먹고 음악 FM으로 자리를 옮겼습니다. 다시 돌아간 음악 프로그램 피디 생활은 정말 행복했습니다. 어떤 사건 사고가 터졌나 걱정할 필요 없이 밤새 음악을 듣고 내일 소개할 영화를 보면서 '아, 이렇게 행복한데 월급을 받아도 되나?' 생각했지요.

그런데 어느날 저한테 커다란 편지 한꾸러미가 도착했습니다. 어느 여자고등학교의 한 학급 전체에서 손편지를 보낸 것이었지요. 담임선생님이 「뉴스쇼」의 팬이어서 학생들과 함께 듣기 시작했다고 합니다. 김현정 피디가 떠난 것이 너무 아쉬워서 선생님과 학생들이 단체로 편지를 썼다고 하더군요. 그런가 하면 어느날은 콩나물이 가득 담긴 커다란 박스가 오기도 했습니다. 한 청취자가 김현정 피디가 떠나서 너무 슬프다면서 콩나물 먹고 힘내라고 선물을 보내신 것이었습니다.

어떤 블로그에는 이런 글도 있었습니다. 아침 출근길마다 「뉴스쇼」를 듣는데 따지고 보니 아내 목소리보다 김현정 피디 목소리를 더 많이 듣고 있더랍니다. 그랬는데 김현정 피디가 그만둔다고 해서 눈물이 났다며, 학창 시절 이문세씨가 「별이 빛나는 밤에」를 떠날 때 처음 울고 이번에 두번째 눈물을 흘렸다는 내용이었지요.

아, 고민이 됐습니다. 음악은 분명 저에게 행복 그 자체인데 내 행복을 위해 이곳에 남을 것인가. 아니면 고통스러운 길이지만 사회를 조금씩 바꾸기 위해 다시 뉴스로 돌아가 힘을 보탤 것인가. 결국 저는 10개월 만에 다시 시사 프로그램으로 돌아왔습니다.

그런데 신기하게도 번아웃을 겪고 다시 돌아온 저는 변해 있었습니다. 나쁘게 말하면 조금 '빠졌다'고 할까요. 좀 더 여유를 가지게 되었습니다. 장기적으로 보면 그게 제가 살 길이었지요.

그 전에는 눈가리개를 한 경주마처럼 오로지 앞만 보고 달려왔다면 복귀 후에는 길옆에 들꽃도 보고 손을 내밀어 돌멩이도 만져보는 여유를 가지게 되었습니다. 단거리 경주마가 아닌 장거리를 달리는 마차가 되자, 100미터 단거리 스프린터가 아닌 장거리 마라토너가 되자, 하루하루 내가 할 수 있는 100퍼센트를 해내지 못해도 자책하지 말자, 이렇게 마음먹었지요.

우리는 누구도 완벽하지 않습니다. 그걸 인정하고 자

신에게 너그러워져야 합니다. 저 역시 저 자신에게 퍼부었던 채찍질을 조금 느슨하게 하니 오히려 자신감이 생겼습니다. 길게 갈 자신을 갖기 위해서는 마음의 여유가 중요합니다!

정보는 점점 많아지는데 방송 시간 자체는 제한적입니다.
하루의 뉴스를 구성하는 기준이 있는지 궁금합니다.

크게 두 기준이 있습니다. 첫째, 청취자들이 반드시 알아야 하는 뉴스는 무엇인가. 둘째, 청취자들이 가장 궁금해하는 뉴스는 무엇인가. 이 두 기준이 조화를 이루는 것이 중요합니다.

별로 흥미롭거나 궁금하지 않아도 꼭 알아야 하는, 밥상으로 치자면 맛은 없지만 필수영양소를 채우기 위해 꼭 먹어야 하는 음식 같은 뉴스가 있지요. 그런 뉴스는 주로 앞부분에 배치합니다.

반면 몰라도 사는 데 별지장은 없지만 많이들 궁금해하는 뉴스가 있습니다. 개중에는 가십 수준의 뉴스도 있지요. 하지만 다수의 대중이 궁금해한다면 그 의문을 풀어야 하는 것이 언론의 의무입니다. 그런 뉴스 역시 적절한 위치에 배치합니다.

이렇듯 '꼭 알아야 할 뉴스'와 '꼭 알고 싶어하는 뉴스'의 적절한 조화가 중요합니다. 영양과 맛의 적절한 조화라고 비유할 수도 있겠는데, 설명하다보니 맛집의 조건과도 비슷한 것 같습니다. 그러고 보면 시사 프로그램 진행자인 저는 싱싱한 날것의 재료를 먹기 좋게 요리해서 식탁에 내놓는 요리사인지도 모르겠습니다.

10년간 「뉴스쇼」를 진행하며 가장 기억에 남는 인터뷰는 무엇인가요? 또 재미있는 일화는 없었는지 궁금합니다.

먼저 2014년 천주교정의구현전국사제단의 박창신 신부와 진행했던 인터뷰가 떠오릅니다. 박창신 신부는 박근혜정부 당시 한 미사에서 박 대통령을 비판하는 발언을 했습니다. 현직 신부가 현직 대통령을 미사에서 공개적으로 비판하다! 그날 밤 MBC, KBS, SBS 가릴 것 없이 모든 뉴스의 헤드라인으로 박 신부의 미사가 올랐습니다.

대체 어떤 의도로 현직 대통령을 비판한 걸까? 모든 언론은 미사에서 정확히 어떻게 말했는지, 의도가 무엇이었는지 알기 위해 당사자와 접촉을 시도했지요. 하지만 미사 이후로 신부님은 입을 닫아버렸습니다. 저희도 주말 내내 전화를 수백통 걸었지만 거절당했지요.

그렇게 주말을 보내고 월요일 새벽, 생방송에 들어가기 직전 마지막으로 전화를 드렸습니다. 사실 반신반의하며 드린 전화였는데 뜻밖에도 신부님은 인터뷰를 승낙했습니다. "「뉴스쇼」처럼 지독하게 전화하는 곳은 처음 봤다" 하면서 승낙했지요. 그렇게 해서 박창신 신부의 첫 인터뷰이자 마지막 인터뷰가 저희 프로그램을 통해 방송됐고, 수백개의 언론이 그 인터뷰를 인용해 보도했습니다. 분명 특종이었습니다. 노력이 만들어낸 귀한 특종이었지요.

　　그런데 또다시 뜻밖의 상황이 펼쳐졌습니다. 방송통신심의위원회(방심위)에서 박 신부님과 진행한 인터뷰를 문제 삼은 것입니다. 인터뷰이의 말을 일방적으로 들어줬다는 이유였지요. 이유 같지 않은 이유였지만 당시 방심위 분위기에서는 가능한 지적이었습니다.

　　특종상을 줘도 모자랄 판에 징계라니 이해할 수 없었지만 억울하면 법원에 소송을 거는 길밖에 없었습니다. 매일 방송을 하는 사람에게 소송이란 상당히 번거로운 일입니다. 하지만 저희 제작진은 논의 끝에 소송에 돌입하기로 결정했습니다. 민주사회를 위한 변호사모임의 김민영 변호사가 기꺼이 도움을 주었고 대법원까지 가는 기나긴 재판 끝에 결국 징계 무효를 받아냈습니다. 그리고 그해 2014년 한국피디대상에서 대상을 수상했습니다. 피디대상에서 텔레비전이 아닌 라디오 프로그램이 전체 대상을 받는 건 17년 만이라고 하니 대단한 영광이었지요. 마음고생은 심했지만 결국은 해피엔드로 끝난, 기쁘면서도 씁쓸한 기억입니다.

한번은 이런 일도 있었습니다. 모 국회의원과 인터뷰를 하던 도중 전화가 툭 끊어진 것입니다. 보통 전화가 끊기면 부스 밖에서 작가들이 부지런히 다시 전화를 걸고 아무리 오래 걸려도 1, 2분 뒤에는 다시 연결이 되기 마련인데 그날은 끝까지 연결이 되지 않았습니다.

전화를 다시 거는 동안 혼자 떠드는 것도 한계가 있지 않겠습니까? 진땀을 흘리면서 노래라도 불러야 하나 고민하며 꽤 긴 시간을 저 혼자 메웠습니다. 그런데 나중에 알고 보니 그 국회의원의 사무실에 화재가 났던 것이었습니다. 재미있는 일화는 아니지만 지금 생각해도 아찔한 기억입니다.

김현정 피디는 앵커일 뿐 아니라 제작에도 참여하지요.
오로지 진행만 하는 것과는 어떤 차이가 있나요?

맞습니다. 저는 약간 특이한 경우이지요. 제가 진행자
이지만 사실 제 정체성은 피디에 있다고 생각합니다. 음
악으로 따지자면 작사, 작곡에 노래까지 하는 싱어송라이
터인 셈이지요.

여러 역할을 한꺼번에 하다보니 2배, 3배 힘이 더 들
어가는 것은 사실입니다. 매일 아침 기획회의부터 밤늦게
까지 함께 인터뷰이를 섭외하고 원고를 준비하고, 심지어
인터뷰 전문에 제목을 짓는 일까지 참여합니다. 그렇지만
그 덕에 프로그램 전체를 조망하면서 일할 수 있다는 장
점 또한 확실히 존재하지요.

모든 과정에 참여하니 프로그램을 100퍼센트 이해하

고 방송에 들어갈 수 있습니다. 진행자가 프로그램을 얼마나 이해하고 있는지에 따라 결과는 크게 차이가 납니다. 그저 주어진 대본을 읽는 데서 나아가 프로그램을 장악하며 진행할 수 있지요. 인터뷰 역시 훨씬 깊이 있게 진행하며 당사자의 목소리에 공감할 수 있습니다. 그렇기에 저는 매일매일 고되긴 해도 지금처럼 일하는 것이 프로그램에는 물론 저에게도 더 도움이 된다고 생각합니다.

앞서 이야기했지만 「뉴스쇼」의 모토는 '핫한' 인터뷰·공감 시사·뉴스를 만드는 뉴스 프로그램입니다. '핫하다'는 것은 청취자들이 듣고 싶어하는 인터뷰를 성사해낸다는 뜻이지요. 따라서 기자나 평론가보다 사건의 당사자가 주로 출연한다고 했습니다. 당사자를 섭외하는 데는 품이 엄청나게 들어간다고 했고요. 서울에서 김 서방을 찾는 식으로 섭외했던 예를 몇가지 이야기했으니 그 노력이 어느 정도인지 짐작할 수 있을 것 같습니다. 그럼에도 저희는 기필코 당사자를 찾아내고야 말고, 그런 인터뷰에 많은 청취자들이 호응해주는 듯합니다.

한편 「뉴스쇼」의 힘은 '공감' 인터뷰에서도 비롯됩니

다. 인터뷰이와 공감해주고, 말하기 좋은 환경으로 인터뷰를 진행합니다. 똑같은 출연자를 섭외해도 다른 방송보다 큰 영향력을 발휘하는 이유는 저희가 그들의 목소리에 공감하기 때문입니다.

마지막으로 「뉴스쇼」는 마이크가 꼭 필요한 곳으로 찾아갑니다. 공감할 필요가 있지만, 마이크가 좀처럼 집중되지 않는 곳들이 있습니다. 약자, 소외된 사람, 숨겨진 진실. 이런 곳에 저희의 마이크를 빌려주려고 늘 노력하고 있습니다. 그리고 이런 분들의 목소리를 전했을 때 많은 청취자들이 귀를 기울이고 공감해주었지요.

이렇게 탄생한 「뉴스쇼」표 인터뷰는 또다른 뉴스들을 생산해냅니다. 이미 뉴스의 주인공이 된 인물들을 인터뷰하지만 그 인터뷰로 인해 또다시 뉴스가 만들어지는, 즉 '뉴스를 만드는 뉴스 프로그램'이 되는 것이지요. 그것이 곧 프로그램의 힘, 영향력이 됩니다.

이처럼 저희는 늘 모토를 지키려 노력하고 실현해가고 있습니다. 그리고 그렇게 함으로써 저희 프로그램의 영향력이 강해졌지요. 그 덕에 지금과 같은 위치에 설 수 있었다고 생각합니다.

Q

시사 프로그램 진행자가 가져야 할 태도
또는 갖춰야 할 자질에는 무엇이 있을까요?

무엇보다 건강하고 보편적인 시각이 중요합니다. 세상에는 다양한 생각과 시각이 공존합니다. 그처럼 다양한 시각들 사이에서는 옳고 그름을 단정할 수 없지요. 그런데 진행자가 어느 한쪽으로 치우쳐서 본인의 생각이 정답인 양 어떤 사안을 재단해버리면 어떻게 될까요? 분명 옳다고 생각했던 것도 시간이 한참 지나 돌아보면 틀렸던 경우가 얼마나 많습니까? 그 때문에 시사 프로그램 진행자는 넓은 시야를 지니고 있어야 합니다.

시사 프로그램 진행자가 자신의 생각을 무조건 밀고 나가는 것은 소신도 뭣도 아닙니다. 그저 시야가 좁은 것일 뿐이지요. 앞서도 말했지만 시사 프로그램 진행자도 사람입니다. 절대적인 신은 아니지요. 그러니 진행자가 자신의 생각을 과신하고 자신의 잣대로만 사안을 판단해서는 안 됩니다.

라디오 시사 프로그램은 다양한 의견을 담아야 하고, 청취자들이 스스로 판단할 수 있는 길을 열어줘야 합니다. 그렇기에 최대한 다양한 각도에서 사안을 다루고 청취자들이 각자 판단할 수 있도록 충분한 근거들을 날것 그대로 보여줄 필요가 있습니다. 이렇게 하는 것이 진행자의 바른 역할이라고 생각합니다. 제가 굳이 힘들게 당사자를 섭외해서 인터뷰를 진행하고, 끊임없이 반론을 제기하며 인터뷰를 이끌어가는 것도 바로 그것이 올바른 진행자의 역할이기 때문입니다.

그런가 하면 저는 진행자의 역할이 판소리에서 북이나 장구를 치는 고수와 비슷하다고 생각합니다. 판소리의 소리꾼이 신나게 자기 판을 벌일 수 있도록 옆에서 장구를 치며 얼쑤 하고 추임새를 외쳐주는 사람, 흥이 오르는 대목에서 흥을 돋우고 가라앉을 때는 다시금 흥을 북돋는 역할을 해내는 사람, 진행자란 출연자 옆에서 그런 고수의 역할을 맡아야 합니다. 진행자가 고수의 역할을 잘해내면 100만큼 준비해온 인터뷰이는 120을 이야기할 수도 있습니다.

120을, 아니 1200을 이야기할 수 있도록 때로는 편안하게 때로는 날카롭게 잘 듣고 잘 받아쳐주는 고수! '좋은 고수'가 되기 위해 10년을 보냈는데 아직도 길은 멀기만 합니다. 언젠가 우리나라에서 좀처럼 본 적 없는, 백발이 성성한 할머니 앵커를 만난다면 반갑게 인사해주세요. '드디어 좋은 고수가 되셨군요!'라고 말입니다.

지혜의 시대

뉴스로 세상을 움직이다

초판 1쇄 발행 / 2018년 9월 17일
초판 2쇄 발행 / 2021년 10월 6일

지은이 / 김현정
펴낸이 / 강일우
책임편집 / 김효근 권은경
조판 / 박지현
펴낸곳 / (주)창비
등록 / 1986년 8월 5일 제85호
주소 / 10881 경기도 파주시 회동길 184
전화 / 031-955-3333
팩시밀리 / 영업 031-955-3399 편집 031-955-3400
홈페이지 / www.changbi.com
전자우편 / nonfic@changbi.com